Ⓢ新潮新書

石渡嶺司
ISHIWATARI Reiji

キレイゴトぬきの就活論

701

新潮社

キレイゴトぬきの就活論　目次

日本人が知っておいてもいい企業300　

プロローグ　新潮大学就職決起大会、プロレスと化す

新潮大学の広報部長と就職部長は頭を抱えていた。

就活解禁を前に、全学の就職決起大会を開催したときのことである。

午前の部に元スポーツ選手のタレント、午後の部には雇用事情に詳しい就活カウンセラーを招聘した。タレント氏はスポーツ科学部の客員教授、カウンセラー氏は経済学部の客員教授であり、どちらもキャリア講義を担当している。

午前の部で、タレント氏は、

「就活では夢こそ大事。夢の実現のために思いを強く持とう」

と熱く演説。

学生は大いに感動した。

この講演中にカウンセラー氏が到着した。

タレント氏の話を、カウンセラー氏は醒めた目で見ていた。が、大学関係者はそのことに気付いていない。

カウンセラー氏とタレント氏は、お互いのことを知らない。送られてきた式次第を見て名前を1秒ほど見ただけだ。話す内容をすり合わせることもしていない。ただ、タレント氏は、午前の部の講演のあと、午後の部でも教え子の学生と交流するため、そのまま残ることになっていた。

さて、カウンセラー氏は午後の部の講演で学生にこう話した。

「就活では夢を持つべきではない。それよりは、現実をきちんと見るべき。そうでないと、内定は取れない」

「午前の部で、『就活では夢を持て』と講演された方もいるようだが、それは現実を知らないたわごとだ」

かくて、学生は大いに混乱した。

一方は、「夢を持て」、一方は「夢を持つな」だもの、そりゃあ、混乱しない方がおかしい。さらに、このタレント氏も、カウンセラー氏も若干、頭に血が上りやすいタイプだった。要するに、「俺が俺が」タイプである。

批判されたタレント氏は面白いわけがない。いや、むしろ、憤慨した。そこで、自身への批判を聞くや、壇上に乱入した。
タレント氏「おい、なんだ。将来ある若者に夢を持つな、なんてひどいじゃないか」
カウンセラー氏「なんだ、貴様、人の話を邪魔しやがって。お前こそ、いい加減なことと言って無責任だろう」
タレント氏「学生の皆さん、こういう夢のない大人が日本をダメにしているのです。みなさんは決して、こういう大人にならないようにしてください」
カウンセラー氏「冗談じゃあない。みなさん、こういう適当なことを言って、テレビで適当なコメントしかできないバカの話を鵜呑みにしては就活でも失敗しますよ」
タレント氏「バカとは何だ！　失礼だろう！」
カウンセラー氏「貴様こそ、俺の話を邪魔するなんて失礼だ！　さっさとテレビ局に行って、適当なコメントでもしていろ！」
そのあと、乱闘騒ぎとなり、体育会系出身の職員が10人がかりで2人を引きはがしたことは言うまでもない。さらに、この模様はYouTubeにアップされ、翌日のスポーツ紙や一般紙には、「新潮大学、就活イベントは『慎重』でなく乱闘」と、叩かれることとなった。悪いことに、この抗争は学内の派閥争いともリンクしてしまう。

しかも、タレント氏は副理事長と学長の派閥。カウンセラー氏は理事長と副学長の派閥がそれぞれ味方した。どちらも、

「自分は冷静だった。相手は誹謗中傷を繰り返して、乱闘騒ぎも仕掛けてきた。学生の前での侮辱は、無礼もはなはだしく、名誉を傷つけられた。よって謝罪を強く要求する」

と主張して、譲らない。タレント氏・学長派が、カウンセラー氏のキャリア講義を調べ上げ、

「大学の講義で就活のテクニックを教えるなど、言語道断。最高学府のするべきことではない。カウンセラー氏は大学を就職予備校と勘違いしているのではないか」

と言えば、カウンセラー氏・理事長派も負けていない。タレント氏のキャリア講義を調べ上げて、

「どこそこのテレビで共演しただの、一緒に食事をしただの、という世間話、芸能人の友達自慢がキャリア講義なのか。タレント氏は大学をカルチャースクールと勘違いしているのではないか」

と非難する。

ああ言えばこう言う。テレビのワイドショーまでこぞってネタにする。大学の知名度こそ上がったが、適当なところで折り合いをつけて、手打ちにしないと受験生集めなどにも悪影響が出る。そのために、広報部長と就職部長が善後策を練ることになった。が、妙案などそうそう出るものでもない。

広報「それぞれはいい話なんだよなあ」

就職「それぞれはいい話なんですよねえ」

広報「なんで180度違う話になってしまうんだ？」

就職「現実を見て選択する、というのは確かに大事ですし」

広報「だけど、夢だって大事だろう」

就職「まあ、それもあります」

広報「言っている『夢』がズレているんだよな」

就職「学生に、それで説明が付きます？　これからどう説明したものか……」

広報「学生はまだいいよ。説明すればいいのだから。問題は理事長や学長だよ。どっちの派閥も『こちらが正しい』と言い張っている」

就職「しかも、相手のことを『侮辱もはなはだしい。無礼千万であり、許すことはできない』と言っています」
広報「全く、どう折り合いを付ける？」
就職「本当、どう折り合いを付けましょう？」
いくら考えても、双方、頭に血が上っている。それどころか、双方がそれぞれ就活に一家言あり、それが正しいと信じて譲らない。
広報部長と就職部長は、そのうち、言葉少なく、ため息ばかりとなった。
やや短い、沈黙のあと、二人は同時に叫んだ。
就職・広報「全く就活なんぞはバカヤローだ！」
その後、折り合いがつかず、この騒動がもとで新潮大学が閉校したことなどは、ここでは無関係なので、一旦おくとしたい。
注：このプロローグは架空の話です。添加物や遺伝子組み換え食品は使用していません。
注：現状と異なる場合は現状を優先します。

という話は日本の大学ではまず起こらない（と信じたい）。だが、これに近いエピソードは日本の大学にはいくらでも転がっている。

就職実績は少ないのに、文学部生はマスコミ、理学部生は化学メーカーや地質調査会社、司書課程履修者は図書館司書をそれぞれ志望する。あるいは、フライトアテンダントに憧れた学生は航空業界、アナウンサー志望はテレビ局、広告業界志望は広告会社しか志望しない。

そして、少数（本当にごくごく少数である）が志望企業に内定し、圧倒的多数の学生は志望企業とは別の企業に就職する。

こうした実態から、正反対の本を書くことは容易である。

すなわち、勝ち組学生に寄り添えば、ノウハウ本として出せる。

負け組学生に寄り添うか叩くかすれば、社会批評論となる。筆者が２００８年に共著で『就活のバカヤロー』（光文社新書）を刊行してから、就活関連の新書が50冊以上刊行された。岩波新書、文春新書なども含め、ほとんどのレーベルで刊行されている。が、筆者のものも含め、就活関連の新書は、ノウハウ本か、社会批評論か、そのどちらかである。

本書は、そのいずれでもない。就活のメカニズム、構造を一般社会人、学生にもキレイゴトぬきで伝えることを目的としている。多くの就活関連新書とその点が大きく違う、ということを読者には強調しておきたい。

企業側はどう考え、学生側はどう考えているのか。

就活の構造、メカニズムを明らかにした本としては、『採用学』（服部泰宏、新潮選書、２０１６年）がある。企業側の採用活動を科学的に捉えようとする「採用学」をまとめている良著であり、本書の志向と同じである。同書の筆者は横浜国立大准教授であり、専門書ということもあって、堅いと言えば堅い。

さて、筆者はフリーランスのライターであり、就活関連の書き手としては企業採用担当者、就職情報会社、大学就職課、就活ビジネス企業、いずれの出身でも所属でもない、レアキャラである。付言すれば東洋大学社会学部卒業時には就活すらしていない。

この点から、就活関連の記事や書籍を出すたびに、「就活をしたこともない、採用に関わったわけでもないのに、偉そうに語るバカ」と、批判され続けている。「来年か再来年あたり消えそう」などと、よく言われるが、その割に15年間、消えることはない。

カレンダーが狂っているか、私の取材能力が高いか、それとも、読者がよほど寛容なのか、いずれかであろう。

本書に話を戻す。『採用学』と志向は同じではあるが、一般社会人、学生でも、就活のメカニズム、構造が分かるようにまとめ、表題通り、「キレイゴトぬき」を強く意識した。

食べ物にたとえれば、本書は定食屋の、から揚げチャーハンセットである。売れている定食屋はから揚げ、チャーハン単品ではなく、セットメニューとして、おいしく食べてもらえるように、味付けを変えるという。

本書も定食屋を見習ってまとめてみた。

読者諸氏が満足して食べ、もといお読みいただければ幸いである。

第1章　夢が就活を振り回す

1　夢と仕事は結びつくのか

「親なんてものは」

子供が役人になるといえば、子供のくせに夢がないなァと思うし、タレントになりたいといえば、もう少し地味な人生を送ってくれと願うし、芸能レポーターになって軽薄に過ごしたいといえば、職業に貴賤なしというタテマエがあるので、どう説明したらあきらめさせることが出来るかと悩むし……　親なんてものァつまらねェもんだね、俺ァつくづく考えちゃった、もう親になるのよそう、生涯こどもで居ようって……（現代版・落語「明烏」）

1979年から3年間、森下仁丹は広告キャラクターに田中邦衛を起用、イラストを山藤章二が担当する「ミスター仁丹／小さなイライラ、小さな解消」シリーズを各週刊誌に展開していた。右の引用は、このイラストをまとめた『イライライラストレーション』（山藤章二、新潮社、1983年）に掲載の「親なんてものは」である。

同書は、今となっては古いネタも多い。「軽薄」が当時の若者を示す用語だったことはとうの昔に忘れられているし、芸能レポーターはそれほど目立つ職業でなくなっている。とは言え、いくつかの固有名詞を置き換えれば、現代の親にも通じる話ではないだろうか。

我が子に夢があってもなくても心配する。それが親である。

これは34年前も現代も同じだし、50年先、100年先も同じであろう。2012年のネット調査はこの親の意識を示している。「小学生の頃、夢だった職業に就くことができたか」という問いに対して、40代は78・5%が「就くことができず諦めた」と回答した。「就くことができ、今も就いている」は9・0%。

40代のうち、「夢」が実現しなかった人は、実現した人の9倍近い。

わが子への教育、それから就活となると、「夢」を重視するかどうか、立場は二分される。しかも、就活関連の発信者（就職情報会社、採用担当者、就活カウンセラー、大学職員、評論家など）によっても、この「夢」のとらえ方は大きく異なる。

だからこそ、本書のプロローグのように、「夢を持て」「夢を持つな」と全く正反対の話が出てしまう。

ところで、プロローグのように、なぜ大学の講義で夢がどうこうという話が出てくるのか、ご理解いただけない社会人読者も多いだろう。

日本の教育現場では、大学も含め2000年代に入ってから、就業観を身に付けるキャリア授業・講義が盛んとなった。

大学でも、難関大を含めキャリア講義を開講していない大学の方が珍しいくらいである。ただ、キャリア講義は体系だったものではなく、学部やテーマに関連のある社会人をゲスト講師としてかき集め、話を聞かせるだけ、というものも少なくない。

それから、夢についても、解釈などは担当教員やゲスト講師任せのところが大半である。このため、プロローグのように、「夢」をめぐって教員・講師間でも意見が180

度違い、対立することもある。

仮になかったとしても、キャリア講義の教員・ゲスト講師の大半は「夢こそ大事」と力説する。

どちらの「夢」でも振り回される学生

それゆえに、学生は悩むことになる。学生によっては「夢」によって就活そのものが壊されることにもなる。次のような例で考えてみよう。

A君は、「夢」が特になく、それが悩みでもあった。「人並みの生活を送れれば十分だし、どの企業でもいい」という発想である。「夢を持とう」と言われてもいまいち理解できない。「夢、夢」と言われるので苦しんだ挙げ句、「大企業なら幅広く仕事ができるし、それが夢でいいか」と解釈。そこで大企業ばかり受けた。ただ、彼には実力が明らかに不足していた。少数激戦の大企業など受かるわけがない。かくて就活に失敗してしまった。

B君は、イラストレーターとしての才能も知識もあり、周囲もそれを認めるほどの実績を残していた。本人もイラストレーターになるのが夢だった。しかし、就活では「イラストレーターはアマチュアのままでいい。就活は夢より現実」として、全く無関係の企業に就職した。

一見すると、夢に振り回されず早めに見切りをつけたとも言える。だが、彼の場合、「夢を持つな」の言説に強く執着してしまった。A君とは逆の意味で、夢に振り回されたといっていい。

Cさんはフライトアテンダント志望。しかし、単に職業への憧れがあるだけで、言葉遣い、接客に至るまで、航空業界に関連した知識もスキルも明らかに不足している。ところがCさんは「就活は夢の実現こそ大事」として、航空会社各社にエントリー、ことごとく落ちてしまった。

この三人に共通しているのは「夢」に振り回されたことだ。

A君は「夢」がないことに苦しみ、無理な解釈で大企業就職を狙ったが、全滅した。

B君は「夢」があり、しかも、それを実現できる可能性は高かった。にもかかわらず、現実を選択した。

一方のCさんは「夢」はあっても、実現できる可能性は相当低かった。ところが、その現実を見ないで、就活に失敗してしまった。

　B君とCさんの例は両極端だし、A君のような学生は珍しくない。

　では、なぜ、「夢」が就活を壊すのだろうか。その構造を明らかにするには、「夢」の話し手が専門職か一般職か。そして、学生の志望が専門職、一般職のどちらにあるかを考えていけば、容易に理解できる。

「夢」が異なる専門職と一般職

「夢を持とう」「夢を持つな」

　一見すると対立する意見が生じるのは、「夢」の位置づけが語り手によって大きく異なることに起因する。

　この点に注目すると、どちらも正解であることがよくわかる。

「夢」の語り手は、大別すれば「専門的な職業」と「一般的な職業」に分かれる。

「専門的な職業」とは、スポーツ選手、俳優、お笑い芸人、パフォーマー、歌手、小説家、芸術家、ファッションデザイナー、料理人、パティシエ、アナウンサー等々。企業に属する会社員、という場合もあるが、大半はフリーランスである。

　一方、「一般的な職業」とは、民間企業・公務員の大半である。なお、就活市場では女性が中心となる補助業務の区分を指す一般職、幹部候補生となる総合職、他に総合職と一般職の中間形態として、地域限定総合職、準総合職などの区分がある。本章では、一般職、総合職などを含めて一般的・普遍的な職業として扱う。

さて、「専門的な職業」の場合だと、「夢」は、あって当たり前のものだ。

しかも、その夢とは「××になりたい」など職業に結びついている。「金持ちになりたい」「安定した暮らしを送りたい」「幸せな家庭を築きたい」など生活に結びついたものではない。

この「夢」を小学生から中・高校生ごろ（一部は大学生）に意識して進路を決定した場合、そこから、練習ないし修業を重ね、あるいは、大学進学でも専門学部へと進学する。あるいは、大学に進学しながら、アナウンススクール、エアラインスクールなど、学外の専門学校・講座にわざわざ通う。そこから、勝ち残った人がそれぞれ社会で活躍する。そして、大学のキャリア講義や就職ガイダンスでゲスト講師として呼ばれれば「夢を持とう」と話すことになる。この「専門的な職業」を目指している人は、夢（職業に結びついたもの）を持っていることが大前提だ。そのうえで、成長過程で次々と振り落とされていくことになる。振り落される過程では、適性、体力、技術、人間関係、お金など、様々な要素が絡んでくる。

振り落されると、その職業を目指すことができなくなる。あるいは、一度、なれたとしても、活躍できなければそれまでだ。

野球、サッカー、バレーボールなどのスポーツ選手はその典型であろう。子どもの頃から夢を感じて、活躍しようと練習を続ける。

強いと評判の選手は強豪校と呼ばれる高校にスカウトされ、そこからさらに少数がプロに進む。プロになっても、1年ないし数年でやめてしまう。億単位で稼げる選手は一握りしかいない。

スポーツ選手に限らず、専門的な職業は、生存競争が厳しい。一度、就職できても、数年後に消えていく、ということも珍しくない。

『重版出来！』に出てくる夢からの脱落

『重版出来！』（松田奈緒子、小学館ビッグコミックス、2013年～）は漫画編集部を舞台とした仕事漫画だ。「じゅうはんでき」ではなく「じゅうはんしゅったい」と読む。刊行した本が重版となることが出版業界では、栄誉とされる。

2016年4月、TBS系列でドラマ化。黒木華、オダギリジョーらが出演。平均視聴率こそ8・0%と振るわなかったが、第4回コンフィデンスアワード・ドラマ賞作品賞を受賞するなど話題となった。

同作には漫画家や漫画家志望のアシスタントが多数登場する。専門的な職業人として成長していく場面もあれば、挫折・脱落していく場面もある。

そもそも、主人公の新人編集者は柔道選手で将来を期待されていたが挫折。出版社を志望、入社して漫画編集部に配属されるところから物語は始まっている。

さて、原作漫画4巻では、大御所漫画家のチーフアシスタントが辞めるエピソードが描かれている。

大学の漫画研究会で期待され、投稿作品が賞を受賞。担当編集者もつく。大御所漫画家のアシスタントを紹介され、作画技術を学ぶ。

というところまでは順調だったが、そこから10年、足踏みしてしまう。アシスタントからチーフアシスタントとなり、生活は十分できるが、プロデビューはなかなかできない。そこに新人が入り、その才能に打ちのめされる。そこで彼ははじめて気づく。

「俺はプロになるのが怖かったんだ（中略）アシスタントさえしていれば――他の連中

とは違う。『夢を持った特別な人』でいられたんだ」

プロアシスタント（通称・プロアシ）としてサポートする側に回るか、それとも地元に帰るか……。彼は結局、漫画家になることをあきらめ、地元に戻って実家の家業の酒屋を継ぐことにする。このエピソードのラストは、彼が地元に戻る途中での独白で終わっているが、相当せつない。

「幸福だった。一年365日24時間——長い間 漫画のことだけ考えて生きてた。一日中 一年中 夢の中でも… 現実なんていらなかった。漫画の中だけで生きていきたかったんだ」

挫折した思いが痛いほど伝わる場面だ。

この挫折した元・アシスタントが、地元の高校での進路講演で、「夢を持とう」と話しても、説得力があるだろうか。あるわけがない。そもそも、依頼すらないだろう。

このように専門的な職業の生存競争は相当厳しい。だからこそ、勝ち組の言葉は強い。「夢を持とう」とする話も、相当説得力がある。

しかも、「夢」があることが大前提だから、「夢がない」とする若者の心境が理解できない。ますます「夢を持とう」と強調することになる。

2 「夢見る学生」を企業は求めていない

一般的な職業では違う「夢」

では、「一般的な職業」はどうか。

航空や鉄道、おもちゃ、テーマパーク、食品・飲料などわかりやすい業界・企業はまだいい。小中学生あたりで志望する子もそこそこはいる。が、大半の企業は、高校生どころか、大学生でも志望する学生がいないほど知名度が低い。

たとえば、セブンイレブンのコーヒードリップメーカーを製作している企業が富士電機だ。自動販売機では国内シェア1位。重電業界では4位の優良企業だ。にもかかわらず、就職人気ランキングではずっと圏外となっている。

この富士電機に限らない。日本はモノづくり、技術大国であり、すぐれた技術を持つ企業がいくらでもある。それに付随してビジネスを展開している専門商社も多い。いずれも、待遇はきわめて良いにもかかわらず、知名度は低い。知名度の低さはそのまま学生のエントリー数につながり、大半の学生は富士電機を含め、優良企業の存在に気付かないまま、就活を終えてしまう。

企業側も、この知名度の低さは良く分かっている。

「子供のころから御社に入社するのが夢でした」などという学生（まずいないが）の志望動機がウソであることなど、先刻承知の上だ。

だからこそ、こうした企業は、専門的な職業のように職業や企業に結びついた「夢」が前提条件ではない。もっと言えば「夢」など不要である。メーカーの技術職・研究職だと専攻分野など専門性も必要だ。それでも、専門的な職業よりは教養や人間性が重視される。


「夢」を持たれる企業も「夢のままでいて」


では、同じ「一般的な職業」のうち、知名度の低い企業ではなく、高い企業はどうだろうか。

テレビ局、新聞社などマスコミ、オリエンタルランド（ディズニーランドを運営）などテーマパーク運営、食品・飲料メーカー、航空、ブライダルなどは知名度が高い。学生も、子供の頃からなじみがあるため、「入社するのが夢でした」と話しやすい。説明会段階や選考序盤では、こうした学生ばかりである。

ところが、知名度が高い企業は高い企業で、採用の基準の中では、その企業に結びついた「夢」の優先順位は低い。いや、むしろ障害になることすらある。

鉄道会社には、全国の鉄道研究会などいわゆる鉄道ファン（鉄ちゃん）が大量にエントリーする。が、そのほとんどが最終選考にすら残らない。鉄道会社からすれば、鉄道研究会ないし鉄道ファンは、欲しくない人材だからだ（理由は後述）。

食品・飲料メーカーには、商品企画をしたい、という学生が殺到するが、こちらも相当な確率で落ちることになる。サンリオだと、「ハローキティが好きでした」、オリエンタルランドだと「ディズニーが好きです」と話す学生は大量にいるが、いずれも「いいお客さんのままでいてください」で落としていくことになる。

知名度の高い企業は高い企業で「夢」を専門的な職業のように重視しない。重視しないどころか、「夢」を語る学生の多さにうんざりとしている。もっと言えば、「夢の中で暮らしてください、うちではお断り」とすら、内心は思っている。

鉄道会社の「アイスクリーム、コーヒーかうどんか」

「夢」を強調して「一般的な職業」である企業、それも鉄道や航空、マスコミなどの人気企業に就職できる学生も少数ながら存在する。だが、彼らが幸福か、と言えば別問題だ。というのも、想定していた「夢」とは別の仕事をすることがほとんどだからだ。「一般的な職業」だと、人事異動でどの部署に行くか、わからない。本人の希望や適性は考慮されるが、人事の最終判断は会社員個人ではなく企業側にある。

何を当たり前のことを、と社会人だけでなく、学生の読者も思うかもしれない。しかし、この「別の仕事」「人事異動」は学生の想像の斜め上を行っているのだ。

ある鉄道会社の知人の話。

「うちの新入社員には、研修中のある日、『アイスクリーム、コーヒー、うどんの中ではどれが好きか』と聞く。選んだら、その商品を主力とする飲食チェーンに送り込む。うちの駅ビルにテナントとして入っているところです」

それで、半年から1年、2年程度、働いてから、次の部署に異動するらしい。全ての鉄道会社がこの「アイスクリーム、コーヒーかうどんか」をやっているとは思えないが、これに近い話はどの鉄道会社にもある。

決算書などを読めば一発で分かるが、鉄道会社は鉄道事業だけやっているわけではない。流通、不動産、観光、ホテル、バスなど多くの事業を展開している。

鉄道事業より、他の事業の収益が多い鉄道会社は阪急阪神ホールディングス、東急電鉄、京王電鉄、小田急電鉄などがある。JR各社や他の私鉄大手にしても、鉄道事業以外での収益は多い。どの鉄道会社にしても、鉄道事業部門しか配属を希望しそうにない鉄道研究会の学生など使いづらいから、門前払いをしている。

鉄ちゃんでないにしても、大手鉄道会社に入って、学生アルバイトと変わりない仕事をさせられれば、嫌になる新入社員もいるだろう。実際、嫌気がさして、辞めてしまう若手社員もいる。

仕事内容を維持できるかどうか

この鉄道会社の例は極端、と思う読者もいるだろう。が、これは珍しい話ではない。

純文学が大好きで出版社に入ったものの、配属先は週刊誌の編集部。そこで張り込み、聞き込みの日々を延々と送った、などという話は珍しくない。編集志望だったが、営業に配属されて、そのまま年を重ねてしまう、という例も多い。

好きなジャンル、たとえば音楽雑誌やスポーツ雑誌の編集をできる、と信じ込む学生は結構な確率で落ちるし、入社できても、希望が叶わなければ早々にやめていく。

食品メーカーでも、商品企画を希望する学生は多い。が、初配属先は大半が営業などに回される。食品メーカーの営業と言えば、コンビニ・スーパーなどが得意先だ。そこの店長やパートとやりとりする。当然ながら、相手に気を遣い、ときには、自社の製品でもない、特売の箱ティッシュの品出しを手伝うこともある。

いずれも「夢」を持つ学生から見れば、バカバカしい、本来の業務とは無関係、と言えなくはない。だが、どちらも、鉄道会社の「アイスクリーム、コーヒー、うどん」と同じ、仕事への基礎訓練でもある。そこを通らないと、次のステップには進めない。

このように、「一般的な職業」の場合、学生が想定していた部署の仕事にそのまま配属されることはまずない。むしろ、想定していなかった部署（特に営業）の仕事に配属される可能性の方が高い。

その点、「専門的な職業」は、就職前の小中学生が想定していた仕事内容から、それほど大きくは外れない。スポーツ選手はスポーツが主業務であるし、料理人は料理が主業務である。

生存競争が厳しいことを除けば、当初想定していた仕事内容をそのままずっと続けることになる。それが「専門的な職業」だ。

「夢」の違いから仕事理解を

このように、「専門的な職業」と「一般的な職業」とでは、「夢」の位置づけや仕事内容が大きく異なる。

どちらが正しいか、ではない。どちらもその人の人生においては正解なのである。ただし、おおざっぱにはこう言える。

小中高生の時点で「専門的な職業」を希望し、そのための専門学部に入学、そのまま「専門的な職業」を志望する学生は、「専門的な職業」出身者が言うところの「夢を持とう」をそのまま肯定して問題ない。

一方、大学生の時点で「専門的な職業」を希望していない学生はどうか。「一般的な職業」を目指すのであれば、「専門的な職業」出身者が言うところの「夢を持とう」はかなり割り引いて考える必要がある。

「一般的な職業」である民間企業や公務員の採用担当者からすれば、職業・企業に結びついた「夢」があるかどうかを重視していない。重視どころか軽視、軽視どころか敵視する企業があるくらいなのだ。

3　ディズニーランドを職場にすべきか

ディズニー好きはオリエンタルランド一択か

「一般的な職業」志望の学生（それも文系学生）は、「専門的な職業」出身者が言うところの「夢を持とう」を真に受けると、企業選択が限定されてしまう。

一例として、ディズニーランドを運営するオリエンタルランドを挙げよう。

筆者は、高校や大学で毎年50〜70回程度、講演をしている。キャリア意識の薄い高校生はもちろん、大学生、それも大学3年生でも、ディズニー好きの学生から相当な頻度で聞かれるのが次のような質問だ。

「ディズニーが好きでオリエンタルランドに就職したいのですが、どうすればいいですか？」

「正社員がダメならキャストでもいいです」

キャストとは準社員、要するにアルバイトである。

フリーターでもいいから、ディズニー関連の仕事がしたい、という意味だ。

さて、オリエンタルランドは2015年卒では89人（総合職、美術専門職の合算）採用している。リクナビによると、出身校は早稲田大、慶応義塾大、青山学院大、千葉大、大阪大、同志社大など難関大がズラリと並ぶ。仮に難関大の学生だったとしても、採用される確率は相当低い。

では、ディズニーランドが好きだという気持ちを活かすとして、その学生の就職先は「オリエンタルランド」の一択なのか。

「夢」にこだわりすぎて、「ディズニーランドの中で働く」という狭い定義にこだわれば、確かに一択だろう。あるいは正社員かキャストかの二択となる。そして、オリエンタルランドからすれば、「夢」にこだわる大量の学生には、ずっといい客のままでいてほしいから落とすことは前記の通りだ。

関わり方は様々

ここで「夢」にこだわり過ぎないとどうか。「夢」の定義が「専門的な職業」と「一般的な職業」とで大きく異なることを理解していれば、「ディズニーに関わる」との発想が出てくる。「ディズニーランドの中で働く」ではなく、「ディズニーに関わる」生き方を目指すのであれば、選択肢は一気に広がるのだ。

大別すれば、「スポンサー・株主」「関連ビジネス」「別の仕事」の3つだ。

1点目、スポンサー・株主。オリエンタルランドの大株主は京成電鉄と三井不動産である。それから、ディズニーシーにはスポンサー企業がＮＴＴドコモ、キッコーマン、花王など24社入っている。これらの企業は当然ながら、ディズニー関連のビジネスも展開している。

2点目、スポンサー・株主ほどでないにしても、関連ビジネスを展開している企業も多い。たとえば大阪本社で全国に展開している菓子卸企業の山星屋。総合商社丸紅の系列である。卸とは問屋であり、営業が中心。しかも、大阪本社であるため、全国区での学生の認知度は相当低い。

しかし、この山星屋、実はディズニー関連のお菓子の版権を持っている。もし、大手企業がディズニーのお菓子を出そうとしてもこの山星屋を通さないとかなり難しい。逆に山星屋が独自に企画することもある。

入社すれば、ディズニー関連の仕事ができる可能性は高い。それでいて、オリエンタルランドほど競争率は高くない。採用実績校を見ても、難関大だけでなく、専修大、桜美林大、大阪経済大、桃山学院大など中堅大も入っている。

山星屋以外にも、エイベックス（CD・DVDの制作・販売）、講談社（出版物の版権）、ウォルト・ディズニー・ジャパン（ディズニーの著作権管理、作品配給など）、鹿島建設・清水建設・京成バラ園芸・関電工（建設担当）など、関連ビジネスを展開している企業は探せばいくらでも出てくる。

3点目の「別の仕事」とは、ディズニーは趣味にしておいて、全く無関係な別の仕事をしよう、という考え方だ。「仕事として関わるわけではないのだから、無理やりすぎる」などと言ってはいけない。

数年前、ディズニーランドのアニメCMがあった。小さな女の子がディズニーランドに通い、段々と大きくなっていく。高校生のときに出会った男性と、結婚。子どもができてからも、年老いてからも通う、というものだった。

どの年代でもディズニーランドは楽しめますよ、とアピールする佳作だった。このCMの注目ポイントは結婚式だ。

シンデレラ城の前で結婚式を挙げるシーンがある。ディズニーランドのサイトによると、最高額は50人招待で７７０万円！　結婚式（挙式・披露宴）費用の全国平均は３５９万７０００円（２０１５年、ゼクシィ調べ）。７７０万円プランを無理なく実施するには、世帯年収が１５００万円くらいないと苦しいだろう。

会社員の平均年収は４２０万円（２０１５年、国税庁発表「民間給与実態統計調査」）。共働きでもこのプランを実施できる夫妻はそうそういない。ディズニーと無関係の仕事だったとしても、このプランが実施できて不幸であろうはずがない。改めてＣＭを見ると、実にいい笑顔をしている（ドヤ顔をしていると思うのは、単なる筆者のひがみかもしれない）。こういう「関わり方」のほうが、仕事にするよりも幸福である可能性は十分にある。

そう、「夢」の定義が「専門的な職業」の人と「一般的な職業」の人とでは異なることをもう一度、強調したい。

「専門的な職業」の「夢」は職業そのものに結びついている。一方、「一般的な職業」の「夢」は職業そのものではなく、生活に結びつきやすい。職業や業界・企業はどこでも良く、生活として「幸せな家庭を築く」「結婚しても遊びたい」などのものである。こうした趣味としてディズニーランドにかかわる、というのもこの延長線上にある。

「夢」を持つのは決して悪いことではないし、志が低いわけでもない。

ところが、どうも、日本は2000年代あたりから、こうした生活に向けられた「夢」は教育で語られなくなった。ことごとく、職業と結びついたものが「夢」として扱われる(少なくとも教育の場では)ようになってしまった。

この「夢」の違いを意識すれば、「ディズニー好き」の大学生が進路を考える際に、本当にオリエンタルランド一択なのか、他に拡がる無限の選択肢を視野に入れるのか、大きく変わってくる。これはディズニー以外の興味・関心でも同じである。

4 体育会系が「使えない」理由

体育会系の外れ人材

「夢」の意識変換をすれば、企業選び一つとっても、大きく変わることをご紹介した。

では、意識変換ができないと、どうなるか。

一般的な学生が在学中に「専門的な職業」を目指す、ということはほとんどない。

だが、「専門的な職業」出身者が言うところの「夢を持とう」を真に受けると、「大学での勉強を生かした企業に就職したい」という考え方に凝り固まる。
勉強と就職希望先の関連としてよくあるものは次の７パターンだ。

・文学部→出版社
・教育系学部・教職課程→学校教員
・学芸員課程→博物館などの学芸員
・図書館司書課程→図書館司書
・理学部化学科→化学メーカー
・理学部地質学科→地質調査企業か石油関連企業
・体育系学部・体育会系部活→体育教員、スポーツ関連業界

大学や学生の資質にも左右されるが、いずれのルートも学生が思うほど太いわけではない。教育系学部・教職課程から小中高の教諭になるのは、他の６ルートよりも就職者が圧倒的に多い。が、問題はその待遇だ。卒業大学によっては、半数近くが正規雇用ではなく非常勤採用となる。非常勤と言えば聞こえはいいが、要するに派遣社員・フリー

ターと変わるところがない。

その非常勤採用の勤務経験3年で正規雇用に自動昇格、というならまだいいが、そんな制度はない。1年で正規雇用になるかもしれないし、10年かかるかもしれない。

もし、非常勤採用となった学生が在学中、日本学生支援機構の奨学金を利用、その残高が400万円あったらどうか。一人暮らしで非常勤採用の給料が月20万円としても、返済は月1・5万から2万円。ここから、住居費、生活費に税金、年金、社会保険料などを払うことを考えれば、自己破産リスクは相当高い。

夢とは別にお金という要素も合わせて考えればどうだろうか。民間企業就職を選択、安定した収入を得ている方が自己破産リスクは相当低くなるはずである。ところが「夢」の悪影響で、奨学金の残高を無視して、学校教員就職を選ぶ学生が後を絶たない。一度、民間企業に就職してから、それでも学校教員への思いを絶ちがたい、ということであれば社会人採用を狙う手だってあるのに、無謀な近道をしようと考えがちなのだ。

7ルートの中では「夢」の悪影響を受けやすいのが、体育系学部・体育会系部活の学生である。よく就活市場では「体育会系出身者は就活で有利、強い」と言われる。実際に、就活市場では強く、体育会系を優先して採用する企業もある。

なぜ、有利なのか。一つのことに打ち込んできた、練習熱心、体力はある、厳しい上下関係など理不尽な思いを学生時代から経験している、声が大きくて面接に強い、などなど、長所を挙げようと思えばいくらでも挙げられる。

ところが、体育会系出身者を冷ややかに見る採用担当者も実は多い。その理由が他でもない、「夢」だ。

体育会系の学生は、もともとがスポーツ選手という「専門的な職業」志望である。特に体育系大学・学部に多い。スポーツ選手がダメだった場合は、文学部生などと同じく、「夢」の悪影響から、関連の職種を探そうとしやすい。

まず、体育教員、その次にスポーツ業界（ミズノ、アディダスなどのスポーツ用品メーカー、プロ野球・サッカーなどのプロチーム運営会社など）、それ以外の民間企業は、志望順位としては一番最後となる。企業の側はそれを見透かしているから、手厳しい意見を言う人も多いのだ。

「なんか、スポーツ選手になれなかったから、仕方なく就職でもするか、としか思えない。そういう未練がましい体育会系学生は真っ先に切ります」

「インターンや説明会、あるいは選考でも『部活の練習があるから』と言って、参加したがらない。レギュラークラスで将来もスポーツ選手として活躍できそうならそれもわかる。が、そうでないなら、民間企業志望しかないわけで、そのために何を最優先すべきかわかっていない」

就職できても、体育会系の未練を引っ張っている社員は、評価されない。

ある企業では、体育会系出身の新入社員を採用担当部署に配属した。仮に、一心一郎氏、とでもしておこう。一心氏は中堅大の体育会系出身、パフォーマンスの高さを期待しての人事だった。しかし、結局、一心氏は1年で別の部署へと異動となった。

インターンシップで学生との交流会を担当させれば、部活の自慢話（俺は××部でレギュラーだった）か、精神論（頑張れば大丈夫）しか話さない。いや、話せないと言うべきか。文系学生はもちろんのこと、体育会系学生でもドン引きである。

大学回りを担当させれば、部活と縁があった大学と関係者しか回らない。大規模校だと部活指導者がすべて、ということはない。就職課・キャリアセンター職員や就職担当の大学教員にも人間関係を作っておかないと学内セミナー開催などで、支障が出る。

この一心氏は、大規模校出身なのだが、母校では部活指導者とスポーツ担当の部署には挨拶しても、キャリアセンター職員には挨拶にいかなかった。それが尾を引いて、母校であるにもかかわらず、学内セミナー開催がなくなってしまった。

やる気をなくした一心氏は、企業説明会や就活イベントを担当しても、雑用しか任されないようになり、1年で別の部署へと異動することになったのだ。

松岡修造パパの意識変換

体育会系の学生は、一心氏のようにスポーツ選手という専門的な職業への「夢」に未練を感じていては就活、もしくはその後の社会人生活で失敗してしまう。

だからこそ、求められるのが「意識変換」だ。この意識変換で、大企業の会長にまで出世した好例がある。

松岡功・東宝名誉会長である。松岡功と言ってもわからない読者がほとんどだろうが、松岡修造の父親でもある。この人はテニスで日本代表まで選ばれるほどの実力があった。それを就活ではばっさり捨てたのだ。

2016年6月、日本経済新聞朝刊の最終面「私の履歴書」が、この松岡功だった。「私の履歴書」は企業の会長・社長や政治家、俳優などが自分の半生を約30回にわたって振り返るコラムだ。それぞれの人生が垣間見える人気コーナーである。

松岡は中学生のときにテニスを始め、高校のときは「高校テニス界の三羽がらす」の一人に数えられるほどになった。甲南大2年生のときに全日本学生選手権ダブルスで優勝。4年生のときには、デビスカップ日本代表にも選ばれる。

大学生最後の試合を終えると、就活が始まり、「倉敷レイヨン」（現在のクラレ）から誘われる。大学のときと同様、テニスを続ける、という条件付きだ。松岡は入社試験（面接）を一度は受けたものの、その後、自ら入社を辞退してしまう。

「私は（就職）試験のときから迷っていた。会社はテニスを続けてもいいと言うが、仕事をしなくて構わないということではない。例えば午前中は仕事をして午後はテニスということになれば、名ばかり社員ではないか。

試合のために年間4、5カ月は出社できないから、責任ある仕事を任せてもらうのは無理だ。選手としての寿命が尽きたときには、同期生から置いて行かれているだろう。先々のことを考えると『これでいいのだろうか』と思うようになった。翌々日、電話で人事担当者に辞退を伝えた」

松岡は祖父が阪急グループの創始者・小林一三ということもあり、関連企業の東宝に入社。その後、ニューヨーク支店、東宝東和などを経て42歳で社長に就任する。同族企業だから出世が早いとも言えるが、撮影所の機構改革、演劇部門のてこ入れ、映画館の商業ビル化などを進めて、東宝をさらに大きくした功労者でもある。

どちらの夢を取るか

松岡は結果として、実業家として大成した。「私の履歴書」に登場していることを考えても、彼は自らの人生に誇りを感じていると思われる。それも日本代表に選ばれるほどの実績があったテニスという「夢」を捨てたからに他ならない。

もし、テニスで就職して、社会人選手として続けていたら、松岡の予想通り、「同期生から置いて行かれ」た可能性が高い。意識変換をしたからこそ、「夢」を熱く語る松岡修造という息子が生まれた。これも、めぐりあわせ、というものだろうか。繰り返すが、「夢」は職業に向けられたものでも、生活に向けられたものでも、どちらでもいいはずだ。どちらが上でどちらが下というわけではない。どちらも正解となりうるし、一般的な就活においては「専門的な職業」出身者が言う「夢」（職業に向けられたもの）を鵜呑みにすると危険、ということはもう一度強調しておきたい。

第2章 「大学名差別」の正体

1 学歴フィルターは差別なのか

ゆうちょ銀行の学歴フィルター騒動

2015年6月、ネットでゆうちょ銀行が「学歴フィルター」をやっている、と話題になった。

日東駒専（日本、東洋、駒澤、専修）クラス（と言われている）の学生が複数の就職ナビサイトに登録。一方は、自身の通う大学、もう一方は東大とした（もちろん、偽アカウントだ）。両方のサイトから、ゆうちょ銀行のセミナー予約をしようとしたところ、日東駒専クラスでは満席表示。東大では予約可能の表示が出たとのこと。

学生はTwitter(現在はアカウント削除)で、こうコメントした。

「学歴は考慮しませんって言ってても結局はこういう事なんだよね。/本当嫌な世の中だね。/拡散希望だよこれ。」(原文ママ)

学歴フィルターとは、就活ナビサイトで特定の大学(要するに難関大)の学生を優遇し、セミナーなどの空席表示をできるだけ出す行為を指す。また、その逆に特定の大学(要するに中堅以下の大学)の学生がセミナーを予約しようとしても、すぐ満席表示を出す行為も含む。

ゆうちょ銀行はこの学歴フィルターをやっている、それはおかしいじゃないか、というのがこの学生の言い分である。

それに対してネットでは賛否両論となり、とりわけ多かったのが「何を今さら? ゆうちょ銀行だけでなく、他もやっているでしょ?」「学歴フィルターをやっていても、そんなの学生の工夫次第でどうとでも」というものだった。

私も全く同感である。

この学生と同じことを私も試したことがある。私の出身大学、東洋大で登録したナビサイトからは、ほぼ無反応だった。一方、早稲田大で登録したナビサイト経由では、こちらがセミナー予約も何もしていないのに、企業から案内メールやセミナー告知のハガキ、さらに、とある鉄鋼メーカーからは「楽しい鉄の作り方」（仮）なる絵本仕立ての資料が送られてきたこともある。

このような学歴フィルターは「大学名差別・学歴差別が今なお、横行している」という説の根拠になっている。その見方に依ったネット媒体での記事や、ネットの書き込みは多い。ただし、ネットや一部の専門家による書籍は、書き手の就活経験（＝現在も通用するとの思い込み）、誤解、少数事例の紹介などにとどまるものが多い。

その結果、大学名差別に関する誤解はいつまで経っても再生産されてしまっている。

では、大学名差別とはそもそも何なのか？

意外と少ない「大学名差別」の定量データ

実は、はっきりした大学名差別の定量データがあるのか、と言えば意外と、これといったものはない。たとえば、就活生が企業・業界研究で活用する東洋経済新報社の『就職四季報』シリーズ（総合版、女子版、優良・中堅企業版を毎年刊行）には、採用実績校が掲載されている。大変な労作であり、企業研究には欠かせない良書である。ただし、採用実績校については、企業側は回答義務が法律で決まっているわけではない。そのため、三井物産、三菱地所、任天堂など回答拒否の企業が少なからずある。

古いところでは、松尾孝一による「90年代の新規大卒労働市場」（『大原社会問題研究所雑誌』No.４８２／１９９９年1月号）、溝上憲文『超・学歴社会』（光文社ペーパーバックス、２００５年）などがある。前者は都銀大手６行の採用者データから難関大学10校（東京大、京都大、名古屋大、東北大、九州大、一橋大、東京工業大、神戸大、早稲田大、慶応義塾大）が占める割合を算出。１９９０年から１９９７年にかけて経年変化を出している。

後者は、ソニー（１９９１年に学歴不問採用を打ち出す。後述）の採用者数データから、学歴不問採用が看板倒れであることを指摘している。

比較的、最近のものでは、海老原嗣生『就職に強い大学・学部』（朝日新書、２０１２年）である。こちらは、大学公表データから、難関大７校（早稲田、慶応義塾、上智、同志社、関西学院、明治、青山学院）が人気１００社にどれくらい採用されたかを算出している。

ところで、「90年代の新規大卒労働市場」と『超・学歴社会』がどのデータを使っているか、といえば、大学通信をもとにした『サンデー毎日』に掲載されたデータである

（以下、断りがない限り『サンデー毎日』データとする）。

大学通信は1965年創立の進学情報会社であり、有名大学（60校〜80校）から有名企業（250〜400社）にそれぞれ何人就職したか、クロスランキングを集計。例年7〜8月ごろに、『サンデー毎日』に掲載している。このデータは、総合職・技術職と一般職採用を一緒にしているため、女子大と女子学生が多い総合大はどうしても就職実績が高く見える。

それから、2000年代に入り、学部卒のみをカウントする大学と大学院修了者も合わせてカウントする大学が並立するようになった。そのため、単純比較しにくい、という問題はある。

が、個別企業の就職データを出す大学、出していない大学がそれぞれあり、しかも、過去データは明らかにしていない大学が多い。

となると、経年変化を観測する上では、2017年現在、この大学通信に基づいた『サンデー毎日』のデータが最も参考になると言える。このデータをひたすら集計していけば、大学名差別の構造が明らかになるはずだ。

とはいえ、経年変化の計測のために一から集計し直す、という面倒を他の専門家はしていない。他がやっていないなら、面倒とわかっていてもあえてやるのが筆者である。

売り手市場と就職氷河期ではどう変わったか

というわけで、大学通信／『サンデー毎日』のデータを国立国会図書館で掘り起こし、ひたすら電卓を叩いて出したのが、次頁の図1である。

売り手市場の年（1991年、2008年、2016年）と就職氷河期の年（2003年、2010年）の5年分に絞って集計した。『サンデー毎日』のデータには、掲載大学について、全体の就職者数も掲載している。そこで、掲載の人気企業に就職した総数を算出。全体の就職者数に占める割合を人気企業就職率として算出した。不明なデータは空欄にせざるを得なかった点はご容赦いただきたい。

この図を見ても、何のことやらわからない、という読者も多いかと思うので、ここからわかることを簡単にまとめておこう。

1991年は就職率が過去最高の81・3％の年である。

筆者注：なお、本書では文部科学省・学校基本調査の「卒業者に占める就職者の割合」を就職率とする。マスコミなど一般的には、文部科学省・厚生労働省合同調査の「大学等卒業予定者の就職内定状況

図１　就職実績変遷（大学通信 大学別総数　人気企業就職者数・率＝％）

年/大学名	1991	2003	2008	2010	2016
就職率（学校基本調査）	81.3	55.1	69.9	60.8	74.7
企業数	390	275	300	309	342
東京大	2000 1369 68.5	**3075** **1149** **37.4**	**3591** **1550** **43.2**	**3721** **1486** **39.9**	**3749** **1465** **39.1**
京都大	1639 1130 68.9	**1584** **806** **50.9**	**3138** **1258** **40.1**	**3020** **1129** **37.4**	**3116** **1290** **41.4**
名古屋大	1061 747 70.4	**1882** **637** **33.8**	945 262 27.7	949 195 20.5	**2277** **870** **38.2**
大阪大	1294 1097 84.8	**2559** **478** **18.7**	**3587** **1363** **56.8**	**3470** **1227** **35.4**	**3697** **1462** **39.5**
一橋大	930 689 74.1	664 373 56.2	739 434 58.7	695 391 56.3	833 536 64.3
東京外国語大	482 266 55.2		600 195 32.5	473 163 34.5	632 245 38.8
早稲田大	7546 5036 66.7	**5642** **2229** **39.5**	**8384** **3392** **40.5**	**7458** **2946** **39.5**	**9159** **3959** **43.2**
慶応義塾大	4391 3404 77.5	**4115** **2097** **51.0**	**5186** **2790** **53.8**	**4781** **2373** **49.6**	**5703** **3101** **54.4**
上智大	2034 1255 61.7	**1327** **361** **27.2**	**1965** **671** **39.5**	1489 542 36.4	2043 768 37.6
明治大	6254 2992 47.8	**4070** **1125** **27.6**	**5195** **1656** **31.9**	**4735** **1219** **25.7**	**5804** **1757** **30.3**
中央大	4542 2436 53.6	**4227** **1004** **23.8**	**4436** **1235** **29.9**	**3827** **704** **18.4**	**4853** **1254** **25.8**
青山学院大	2964 1877 63.3	2087 545 26.1	**3279** **1037** **31.6**	2754 689 25.0	**3719** **1186** **31.9**
立教大	2402 1339 55.7	2075 547 26.4	2620 957 36.5	2818 812 28.8	3773 1205 31.9
法政大	4949 2087 42.2	**3675** **738** **20.1**	**5161** **1317** **25.5**	**4670** **970** **20.8**	**5548** **1327** **23.9**
学習院大	1459 883 60.5	1288 410 31.8	1462 561 38.4	1235 429 32.7	1520 621 40.9
成蹊大	1337 701 52.4	**1373** **382** **27.8**	**1488** **496** **33.3**	**1348** **337** **25.0**	**1568** **407** **26.0**

年/大学名	1991	2003	2008	2010	2016
日本大	12554 3419 27.2	**9120** **911** **10.0**	**10601** **1644** **15.5**	**8749** **980** **11.2**	**11049** **1477** **13.4**
東洋大	2785 650 23.3	2704 210 7.7	3710 417 11.2	3457 282 8.7	4648 468 10.1
駒澤大	2023 486 24.0	1614 187 11.6	2399 367 15.3	2066 211 10.2	2786 331 11.9
専修大	3785 964 25.5	2561 219 8.6	2788 385 13.8	236 224 9.4	3158 319 10.1
東海大	6228 1757 28.2	**4270** **346** **8.1**	**4764** **517** **10.9**	**4238** **325** **7.7**	4870 392 8.0
東京理科大	2090 1707 81.7	**2531** **732** **28.9**	**2461** **1080** **43.9**	**2223** **755** **34.0**	**2603** **928** **35.7**
芝浦工業大	1112 567 51.0	**1169** **225** **19.2**	**1206** **409** **33.9**	**1092** **268** **24.5**	**1577** **450** **28.5**
日本女子大	1111 623 56.1	**1072** **281** **26.2**	**1230** **431** **35.0**	**1120** **293** **26.2**	**1350** **441** **32.7**
同志社大	3878 2208 56.9	**3298** **1081** **32.8**	**4204** **1642** **39.1**	**4037** **1302** **32.3**	**5144** **1826** **35.5**
立命館大	3762 1499 39.8	**4533** **895** **19.7**	**5834** **1735** **29.7**	**5540** **1247** **22.5**	**6057** **1561** **25.8**
関西大	4337 1980 45.7	**4179** **749** **17.9**	**4900** **1276** **26.0**	3919 783 20.0	**5696** **1261** **22.1**
関西学院大	2968 1620 54.6	2438 726 29.8	**3472** **1006** **29.0**	**3298** **885** **26.8**	**4824** **1453** **30.1**
京都産業大	2427 717 29.5	**1986** **167** **8.4**	**2302** **334** **14.5**	1815 198 10.9	2353 269 11.4
龍谷大		2227 193 8.7	3071 355 11.7	**2716** **218** **8.0**	3337 297 8.9
近畿大	4283 873 20.4	**4435** **343** **7.7**	**5275** **623** **11.8**	**4452** **354** **8.0**	**5921** **610** **10.3**
甲南大	1675 675 40.3	1306 183 14.0	1554 356 22.9	1381 210 15.2	1801 306 17.0
桃山学院大	1053 148 14.1	897 66 7.4	1103 94 8.5	890 44 4.9	1136 57 5.0

※太字表記は大学院修了者も含む。空欄は調査対象外　1991年は学部卒業者のみ
大学の数値は上から就職者総数、人気企業就職者数、人気企業就職率

調査」が、就職率として扱われている。

ただ、こちらは、全数調査ではなくサンプル調査、しかも、就職希望者に占める内定者の割合である。しかも、卒業後だけでなく卒業前の分も公表するため、ややこしい。ついでに言えば、就職希望者に占める割合で、就職を断念した学生（就職希望で就職活動をしていたが、途中で断念）は対象外となる。そのため、各年次の正確な実態を示しているとはいいがたいことをお断りしておきたい。

1991年に戻ると、当時はバブル採用という言葉が使われていた。

MARCH（明治、青山学院、立教、中央、法政）・関関同立（関西、関西学院、同志社、立命館）クラスの大学は人気企業就職率が40％超え、早慶・旧帝大・一橋は60％を超え、いかに好景気だったかがうかがえる。なお、全体を通して東大、京大の人気企業就職率が早慶等と偏差値ほどに差がないが、それはこれら難関大学の学生の就職先が民間企業に限られないからである。

つまり、東京大が人気企業就職率で40％を割っている年があるのは、これは「入れない」ではなく、「入らない」ことの結果である。

『プレジデント』2013年7月15日号によると、東大の就職者のうち、1993年時点では大企業71・7％、官公庁21・2％、中小・ベンチャー0・9％、外資系2・6％

だった。それが、２０１３年時点では大企業59・０％、官公庁19・６％、中小・ベンチャー10・８％、外資系５・０％に変化している。

２００３年以降は学部卒のみの大学と大学院修了者を含む大学が混同しており、単純比較は難しいが、大きな傾向を摑むことはできるだろう。

同じ売り手市場である１９９１年と２０１６年を比較すると、データ掲載がない龍谷大を除き、全大学が１９９１年を大きく下回っている。

これは、２０１６年（74・７％〈速報値〉）の就職状況が売り手市場とはいえ１９９１年（81・３％）ほどではないことも影響している。それから、無名企業・中小企業への情報は、紙媒体しかなかった１９９１年と異なり、２０１６年現在では、ネットでいくらでも出ている。

学生の大企業志向は今も昔も変わらないが、近年はやや変化してきている。「２０１７年卒マイナビ大学生就職意識調査」によれば、大企業志望（「絶対に大手企業がよい」＋「自分のやりたい仕事ができるのであれば大手企業がよい」の合計）は48・４％。中小企業志望（「やりがいのある仕事であれば中堅・中小企業でもよい」＋「中堅・中小企業がよい」）は47・０％とほぼ拮抗している。

この人気企業就職率を見て、読者は様々な感想を持つことであろう。注目していただきたいのは、大学のクラス別でも、その中で差が出ている点である。

たとえば、早慶を比較すると、調査した5年、すべてで10ポイント強、慶応が上回っている。両校の偏差値にそこまでの差はない。

また、ＭＡＲＣＨクラスの中では法政が低く、関関同立の中の関西・立命館が同志社・関西学院より下、あるいは産近甲龍（京都産業、近畿、甲南、龍谷）クラスでは甲南だけが高い。２０１６年では龍谷が８・９％なのに対して、甲南は倍近い17％である。この両校の偏差値もそこまでの差はない。

このクラス内格差の理由はどこにあるのか。早慶の格差と、それ以外のクラス内の格差とは別物であると考えられる。前者は両大学の学生の性質に拠るもので、後者はかつての指定校制度の影響だと思われる。それぞれについて解説していこう。

2　なぜ早稲田は慶応に負けるのか

早慶だと早稲田の一人負けか？

早慶を比較すると、1991年時点でも、2016年時点でも早大は慶応に大きく負けている。もちろん、東大や京大と同じく、早大生が有名企業以外に目を向けている可能性もあるが、それは慶応も同様だろう。この差は単純に、就活市場では慶応の方が評価が高いからだ、と見ていい。『AERA』2004年12月13日号に掲載されたその名も「企業の慶応好き　早稲田いや　就職戦線『慶応圧勝』の理由」という記事では、次のような企業側からの賛辞が紹介されている。

「慶応ばかり増えてしまって困っている。慶応はスーパーサラリーマン養成学校のようだ」（大手総合商社）

「意識の高い学生、卒業生に囲まれて学生生活を送っており、他大との差は大きい」（食品メーカー）

「準備できないような想定外の質問をしたときによどみなく自信を持って答えるのが慶応生。自主性やコミュニケーション能力が際だっている」（損害保険会社）

絶賛の嵐なのだ。一方の早稲田については一様に手厳しい。

「能力的な差はそれほどないが、就職してキャリアを築こうという意識が平均的に低いと感じます。『サラリーマン格好悪い』という感覚が言葉の端々に表れることがあり、どうも食指が動きにくい」（総合商社）

「とんがった人材は多い。しかし情報感度が低く、それほど周知しないセミナーなどではあまり顔を見ない」（損害保険会社）

ボロボロだ。この傾向は２０１７年時点でも同じである。これは早稲田が落ちた、というよりは早稲田大の規模が慶応以上に大きいことの影響だろう。しかも、早稲田ゆえに、どうしても大手企業であれば採用者数が例年、多くなる。

多いわりに、さほど優秀でなければ、

「多様性を出すために、ＭＡＲＣＨ・日東駒専クラス、地方国立大、国際教養大、立命館アジア太平洋大などにも内定出すか」

と、企業側は考えてしまってもおかしくはない。

では、早稲田より小さいとはいえ、慶応生はなぜ落とされないのか。

博報堂の人事ディレクターだった山本直人（慶応出身）は自身のブログ（from_NY

２０１１年12月27日掲載記事「『一橋の強さ』から見える採用側の心理。」）で慶応大生についてこう評している。

「慶応のことを人事担当者は『ゴキブリ』に喩える。ともかく、ワラワラと人気企業に群がってきて、しかも落そうにも結構しつこい。これは、最近のことではない。僕が就活をやっている頃に、人事部にいるとある先輩に聞いた話だ。これは今でも変わっていない。必然的に慶応の学生のライバルは慶応の学生になる」

１９８０年代ごろまで存在した指定校制度

早慶以外のクラス内格差については、指定校制度の影響だと述べた。この制度について説明をしていこう。就活市場における指定校制度とは、戦前から１９８０年代ごろまで続いた制度である。

まず企業側は学生に来て欲しい大学（ないし学部・学科）を指定する。すると、大学側はその情報を学生に提示し、受験希望の学生が集まれば初期選考を実施する。実質的には書類選考であり、もっと平たく言えば成績で決まる。成績上位者から合格し、ここで初めて企業の選考に参加できる。

大学が推薦する形態でもあることから、大学推薦制とも言う。

企業からすれば、特定の大学を指定校にしておけば、それで事足りるというメリットがあった。この指定校制度は、特定の大学、つまり難関大の学生であれば大半の企業から指定校となっており、そこから就職先を選ぶことができた。しかし、中堅クラスの大学や地方大は有名企業の指定校からは外れている。そうなると、コネ入社など非常手段を取る以外は、そもそも選考に参加できない。

わかりやすいといえばわかりやすく、差別的といえば差別的である。

次頁の図は『サンデー毎日』1967年7月16日号「これでも学歴は無用か〝求人指定校〟という名の大学格付」に掲載された1968年卒向けの指定校一覧である。

指定校数は、東京大、京都大が15企業全部でトップ。一橋、早慶が14社で続く。技術系のみを指定校にした川崎重工が文系学部しかない一橋大を指定校から外すのは理解できる。が、トヨタが事務系採用から早慶含め、私大をすべて外しているのは、現代の視点ではちょっと理解しがたい。

なお、『就職ジャーナル』1971年2月号「ワイド調査　きみの大学は選ばれているか？　有力300社　推せん依頼校」で、トヨタ（正確にはトヨタ自動車工業）は事

図2　日経連指定校1968年度採用（社名・大学名は当時のもの）

企業名／大学名	旭化成	鹿島建設	川崎重工	三共	第一生命	髙島屋	東京海上	東京放送	トヨタ	東洋レイヨン	日本鋼管	日立製作所	三越	三菱銀行	八幡製鉄	求人指定社数
北海道	●		●		●		●	●	●			●	●	●	●	10
室蘭工業			●									●				2
小樽商科					●		●					●	●	●		5
弘前					●							●		●	●	4
岩手			●									●				2
東北	●	●	●		●		●		●		●	●	●	●	●	11
秋田			●									●				2
山形			●		●		●					●		●	●	6
福島					●							●		●	●	4
茨城			●		●		●					●		●	●	6
宇都宮												●				1
群馬			●									●				2
埼玉					●		●					●		●	●	5
千葉			●		●							●				3
東京	●	●	●	●	●	●	●	●	●	●	●	●	●	●	●	15
東京外国語	●	●				●	●	●	●		●	●		●	●	10
東京農工												●				1
東京教育			●					●				●		●	●	5
東京工業	●		●					●				●				4
電気通信			●									●				2
一橋	●	●		●	●	●	●	●	●	●	●	●	●	●	●	14
横浜国立	●	●	●		●	●	●	●				●	●	●	●	11
新潟			●		●							●		●		4
富山			●		●		●					●		●	●	6
金沢			●		●		●					●	●	●	●	7
福井			●									●				2
山梨			●									●			●	3
信州			●		●							●		●		4
岐阜			●									●				2
静岡			●		●		●					●		●	●	6
名古屋	●		●		●		●		●		●	●		●	●	9
名古屋工業			●									●				2
滋賀					●	●	●					●		●	●	6
京都	●	●	●	●	●	●	●	●	●	●	●	●	●	●	●	15
京都工芸繊維	●		●									●				3
大阪	●	●	●		●	●	●		●			●		●	●	10
大阪外国語	●					●			●					●		4

企業名／大学名	旭化成	鹿島建設	川崎重工	三共	第一生命	高島屋	東京海上	東京放送	トヨタ	東洋レイヨン	日本鋼管	日立製作所	三越	三菱銀行	八幡製鉄	求人指定社数
神戸	●	●	●	●	●	●	●		●	●		●	●	●	●	13
和歌山					●		●							●	●	4
島根					●											1
岡山			●		●	●	●					●		●	●	7
広島	●		●		●		●					●		●	●	7
山口			●		●	●	●					●		●	●	7
香川					●	●	●						●	●	●	6
愛媛			●		●		●					●			●	5
徳島			●									●				2
高知					●										●	2
九州	●	●	●		●	●	●	●	●		●	●		●	●	12
九州工業	●		●									●				3
佐賀					●		●					●			●	4
長崎					●		●					●		●	●	5
熊本	●		●		●		●					●		●	●	7
大分					●		●							●	●	4
宮崎	●		●									●				3
鹿児島			●		●		●					●		●	●	6
東京水産			●													1
神戸商船			●													1
東京学芸								●								1
東京都立	●		●		●		●					●		●	●	7
横浜市立					●	●	●					●	●	●	●	7
名古屋市立												●				1
大阪府立			●		●	●						●		●	●	6
大阪市立			●				●		●			●		●	●	6
神戸商科					●	●	●						●	●	●	6
姫路工業			●									●				2
下関市立															●	1
北九州市立												●		●	●	3
東北学院							●						●		●	3
神奈川															●	1
千葉工業												●				1
学習院					●		●	●				●	●	●	●	7
慶応	●	●	●	●	●	●	●	●		●	●	●	●	●	●	14
工学院												●				1
國學院															●	1
国際基督教								●				●		●	●	4

企業名／大学名	旭化成	鹿島建設	川崎重工	三共	第一生命	髙島屋	東京海上	東京放送	トヨタ	東洋レイヨン	日本鋼管	日立製作所	三越	三菱銀行	八幡製鉄	求人指定社数
国士舘												●				1
芝浦工業												●				1
上智		●			●		●	●			●	●	●	●	●	9
成蹊					●		●					●	●	●	●	6
成城					●			●				●	●	●	●	6
専修															●	1
中央	●			●	●		●	●			●	●	●	●	●	10
東海												●				1
東京経済					●		●						●	●	●	5
東京電機												●				1
東京理科												●				1
東洋												●				1
日本								●				●	●	●	●	5
法政								●				●	●	●	●	5
武蔵					●							●		●		3
武蔵工業												●				1
明治							●	●			●	●	●	●	●	7
明治学院													●	●	●	3
立教							●	●			●		●	●	●	6
早稲田	●	●	●	●	●	●	●	●		●	●	●	●	●	●	14
愛知															●	1
南山															●	1
名城												●			●	2
同志社			●		●	●	●					●	●	●	●	8
立命館			●				●					●		●	●	5
大阪経済															●	1
大阪工業												●				1
関西							●					●			●	3
関西学院					●	●	●					●	●	●	●	7
甲南							●					●	●	●	●	5
松山商科													●	●	●	3
九州産業															●	1
久留米															●	1
西南学院															●	1
福岡							●								●	2
八幡															●	1
青山学院		●			●		●	●				●	●	●	●	8
広島工業												●				1

務系について早稲田、慶応は推薦依頼校としている。が、それでも横浜国立、東京都立(現・首都大学東京)、明治、同志社、関西などは理工系のみで事務系は対象外となっている。

『歴史のなかの大卒労働市場：就職・採用の経済社会学』(福井康貴、勁草書房、2016年)では、この『就職ジャーナル』1971年2月号記事のデータを集計、「大学グループ別・推薦依頼企業数の平均値」を出している。これによると、「旧帝大・一橋・早慶」グループの214・3社に対して、「その他私立」グループは94・7社と大きな差がある。しかも、記事に出てくる大学は65校しかない。それ以外の大学生は実質的に受験も不可能だ。大企業は限られた大学にしか門戸を開いていなかった。

指定校から自由応募へと変化

この指定校制度は1960年代後半から1980年代にかけて、緩やかに変化していく。『就職ジャーナル』1971年2月号記事では、1969年・1970年の大学紛争、経済成長による労働力不足が指定校制度から自由公募(記事では「就職の自由化」)への移行が進んだ、とする。

これ以外の要因では、「大学進学率の上昇」と「指定校制／大学名差別への批判」も大きかった。

もともと、指定校制や大学推薦制は大学進学者が少数のエリートだったからこそ、機能した。ところが、1960年代から大学進学率は上昇し、大学の大衆化が進む。1954年の大学進学率（学校基本調査、大学進学者のみ）は7・9％だった。それが1970年には17・1％、1980年には26・1％と上昇していく（2016年は52・0％）。

学生が増えても、その分、企業が採用枠を増やすわけではない。指定校ではない学生からすれば、就活（当時は就職運動と呼ばれていた）で大企業を志望しても門前払いされることに強い不満を感じる。

そのため、1960年代以降、就職における大学名差別がたびたび話題となり、批判されてきた。企業側はそういう世論にも目配りする必要があった。

こうして指定校制度は1978年には事務・販売系32・8％、技術系46・7％（文部省・「新規学卒者の採用及び就業状況等に関する調査」1978年）、1984年には9％（毎日新聞1987年5月19日朝刊）まで減少する。

その後、バブル景気による売り手市場、就職協定廃止（1996年）、就職ナビサイトの登場により、就活では自由応募が定着していく。この自由応募への移行において、決定打となったのがソニーの「学歴不問採用」だった。

3　ソニー「学歴不問」のウソ

ソニーの学歴不問採用

ソニーは1991年、学歴不問採用を打ち出し、大きな話題となる。『週刊ポスト』1991年5月3日号「ソニーが断行した『偏差値学生はもういらん』の採用革命」では、ソニーの金子武夫・人事グループ採用部統括部長が次のようにコメントをしている。

「盛田（昭夫会長）もかねがね学歴無用論ということを申し上げている。学歴というのは、ある時点においてある難関をクリアしたという証明です。ですからそれをひとつのモノサシとすることは悪くない。／ただ、ソニーはそうした価値観には重きをおいていない。私たちは〝新しいものは異質なものが集まった中から生まれる〟と考えています。学歴を重んじてその結果、出身大学が偏ってしまっては同質の人間ばかり集まることにもなりかねない」

前述の通り、もともと、学歴重視については根強い反発や疑念の声があがっていた。ソニー創業者の一人でもある盛田は1966年に『学歴無用論』（文藝春秋）を刊行して、学歴社会に警鐘を鳴らしている。

国も、世論を考慮してか、1985年には臨教審答申で学歴社会是正を基本方向として掲げていた。また1987年には鈴木永二・日経連会長が就任あいさつで文部省を訪問した際、塩川正十郎文部大臣が指定校撤廃を要請している（前掲、毎日新聞1987年5月19日朝刊）。

こうした流れもあり、ソニーの学歴不問採用は当時、世論の支持を集める。これは企業のブランドイメージの向上にも寄与した。これだけが理由ではないだろうが、リクルートの就職ブランド調査では1997年から2001年まで、5年連続で1位となる。

「学歴不問採用」後でも難関大卒が多数

ソニーの学歴不問採用は、世論の支持を集め、自由応募へ移行する決定打となった。

しかし、実質は伴っていない、と批判したのが溝上憲文の『超・学歴社会』である。

図3　ソニー採用者数の変化

年	掲載校数	採用者数	東京・京都・大阪・一橋・東京工業	早稲田・慶応・上智	MARCH	関関同立	東京理科・芝浦工業	日東駒専	産近甲龍
1991	77	1000	54	142	87	27	46	15	0
1992	77	1000	27	126	82	29	54	19	5
1997	77	370	41	56	27	14	20	5	0
2003	77	470	89	97	26	19	18	4	0
2008	80	500	136	117	29	23	28	2	1
2016	77	274	50	53	11	7	12	0	0

溝上は同書の中で、２００４年のソニーの採用者数上位校リストを掲載。慶応義塾、東京、早稲田、東京工業、京都など旧帝大・早慶クラスが上位を占めている実態を明らかにした。この点から、溝上は、ソニーの学歴不問採用が「詐欺に等しい」と断じる。

「学歴不問の看板を掲げても、現実は一部の銘柄大学の学生しか採用されないのであれば、看板を信じて応募した『二流、三流大学』の学生は、採用される可能性がほとんどない企業に応募することで、就職活動中の貴重な時間を浪費させられていることになる。これは、ウソをつくことによって、学生の就職の機会を奪っているに等しい行為だ」

同書の刊行は２００５年。そこで「学歴不問」採用実施前の１９９１年と実施後の１９９２年、１９９７年、２００３年、２００８年、２０１６年の大学別採用数をまとめたのが、図3である。出典は、図1と同じく、『サンデー毎日』（大学通信）の就職クロスランキングであり、それを筆者が集計した。なお、このデータは総合職・一般職・技術職を含めた数である。

私大文系では、「早慶上智」が最上位、次が「関関同立」、「MARCH」。中堅クラスとして首都圏は「日東駒専」、関西は「産近甲龍」。

1992年は前年にゼロだった産近甲龍クラスが5人、日東駒専クラスも4人増となっている。しかし、以降は1991年と同じく、旧帝大・一橋・東京工業と早慶上智クラスが多数を占めている。2016年卒では、日東駒専・産近甲龍クラスはゼロである。採用者数が1991年の1000人から274人に激減したとはいえ、学歴不問どころではないことが明らかだ。

学歴不問採用の抜け道とソニーの反論

実はソニーは1967年時点（前掲、『サンデー毎日』1967年7月16日号）では、「技術系はなかば公募」だが「事務系は三十大学を指定」としていた。つまり学歴不問ではなかった。1971年時点（前掲、『就職ジャーナル』1971年2月号）でも、文系学生については、千葉、埼玉、東京教育（現・筑波）、名古屋市立、武蔵、東洋、近畿などを推薦依頼校から外していた。

要するに、トップ自ら『学歴無用論』（繰り返すが刊行は１９６６年）を展開しておきながら、内実は他の企業と変わるところがなかった。それは１９９１年の学歴不問採用実施後も変わらない。そもそも、導入時点から懐疑的な見方は強かった。

前掲の『週刊ポスト』１９９１年５月３日号記事では、東京海上火災保険（当時）広報部の否定的なコメントを掲載している。

「常識的に（学校名、学部名を）聞くのが普通ではありませんか？　こちらが聞かなくても、学生側がいいますよネ。それが自然体じゃないでしょうか」

学歴不問採用を痛烈に批判している『超・学歴社会』でも溝上はライバル社のこんなコメントを紹介している。

「（大学名を）記入しなくても、成績表は一応チェックするわけでしょう。また、面接の段階でどこの大学かは類推できるものですよ。面接では当然、『何を勉強したの？』と聞きますし、学生が『ゼミは何を専攻していました』『こういう分野で第一人者の先生の指導を受けました』と言えば、有名大学の法学部や経済学部であれば、『彼はあの大学のあの学部だな』と、すぐわかるものですよ。その気になれば、いくらでも探ることは可能です」

こうした批判は1990年代後半から出ていたらしい。これに対して、ソニー側も中田研一郎・ヒューマンキャピタル執行役員が反論をしている（『プレジデント』2004年11月15日号「人材のプロの証言『学歴不問のウソとホント』新卒採用は、なぜブランド校に集中するのか」）。「結果的に、ではありますが、慶応大学出身者が多く入ると も聞きます」という記者からの問いに対して、

「それは学生に対して誤ったメッセージを送ることになります。『ソニーは所詮、有名大学からしか採らないんじゃないか』と。とてもおかしな話です。そもそも、この特集の趣旨からして、ずいぶん古い企画だと私は思います。（中略）結果として、東京の有名大学の方が多く入るということはあるかもしれない。でも、それは、自由競争の結果なのだと私はいいたい。（中略）大学入試はフェア・コンペティションで、ちっとも悪いことだとは思いません。ただし、それがあまりにも点数至上主義になっているところが問題です」

毎日新聞社の学歴不問採用

学歴不問採用の結果が難関大偏重になることについて、「自由競争の結果」なのか、それとも「詐欺に等しい」のか。筆者の判断を示す前に、学歴不問採用の先駆け事例をご紹介したい。

現在、就活・採用の専門家の間では、学歴不問採用は1991年にソニーが始めた、これが定説となっている。しかし、文献調査をしたところ、それより前に実施している企業があった。実は、同じソニーグループのCBSソニー（現・ソニー・ミュージックエンタテインメント）が1989年から実施していたのだ。学生からは好評だったようで、『週刊ポスト』1991年5月3日号記事では、「88年度の応募者が3000人だったのに対し、89年度は4000人、90年度は5000人と、毎年1000人ずつ増加している」とある。

それから、さらにさかのぼること10年前、1979年卒から、毎日新聞社が「学歴・経歴不問」を掲げて、採用を始めていた。この事情について、同じ社の週刊誌『サンデー毎日』は、入社問題と簡単な紹介にとどまっている（1979年2月11日号記事）。詳しく報じているのは『週刊文春』1979年2月15日号記事「『学歴・経歴不問』毎日新

聞　型破り　入社試験の合格者」である。

毎日新聞社は1972年の西山事件などで経営が悪化、1977年には債務超過から新旧分離（会社分割）に追い込まれている。1976、1977年度は新卒採用を中止していた。その影響もあってか、記事の中では当時の人事課長が、

「わが社がご存知のような状況ですから、わが社の目玉というか、話題を作りたいという気持ちもなかったとはいえませんが……」

と本音を語っている。

結果は、受験者総数が1900人、うち大卒者以外の受験者は160人。内定は記者・カメラマン・業務職、合わせて30人採用（うち既卒5人）。出身大学は「早稲田大学八名、慶応大学四名、東京大学三名、一橋大学、東京外語大学、同志社大学各二名、一名だけが明治、立教、関学、横浜国大、上智など九大学」（記事）とある。

既卒・大卒者以外では、記者職で慶応義塾大中退者、カメラマン職で高卒者が最終選考まで残ったが、最後に落ちてしまった。人事課長はこうコメントしている。

「二人が最終まで残りましたが、どうしてもワクに入りきらず、残念ながら落としました（中略）学歴不問をうたう以上、（筆者注・大卒者と同じ内容になっている）試験の形を変え

るべきではないか、という意見もあったのですが、そこまでは踏みきれませんでした」

結果を見る限りでは、ソニー同様、ほぼ有名大学出身者で占められているのがわかる。

4 学歴も実力も無しでは……

4年目で入社したのは上智女子の才媛

その後、毎日新聞社の学歴不問採用について、関連の文献は筆者の調査では出てこなかった。ただし、『週刊文春』の記事から3年後、就職情報誌『就職ステップ』1982年6月号に興味深い記事が出ている。「学歴無用といわれるマスコミ 毎日新聞に大学3年中退で入社した加藤暁子さんの実力」と題された記事を抜粋してご紹介しよう。

高校時代にアメリカ留学をしていた加藤さんは上智大外国語学部比較文化学科（2017年現在は国際教養学部）に入学。新聞学科「テレビ制作」の講義にもぐり込み、月2回放送の学内放送「ソフィア・ワイド」のニュースキャスターとなる。

「十二、三名の仲間たちはほとんどが一年先輩。彼らが四年になり」、就活を意識するようになる。就職相談室で毎日新聞社の採用案内に「学歴不問」とあるのを見て、「ほなら、ためしに受けてみるか」と考えた。

結果、内定が出る。

記事では、毎日新聞社の学歴不問採用について、「(実施) 三年にして、高卒、中退を含めて適用された未卒者は一〇名となっている」とある。

年30~40人の採用で高卒・中退者が3年累計10人の採用ならまずまず多い、と言えなくもない。が、文献調査で出てきたのは、上智大の才媛である。

記事の見出しには「中退」とあり、あたかもドロップアウトした人にも広く門戸を開いているかのような印象を与えるが、そんな話ではないのだ。

「学歴不問」でも相応の実力が必要

毎日新聞社の学歴不問採用について、作家の小中陽太郎は『創』1979年4月号のコラム「学歴不問と言うけれど……」で試験問題について、「その選択の節は、やはり学歴社会で学んだ基準に近い」と批判している。その一例として、刑事訴訟法の逮捕後の送検手続きに関する出題があることを取り上げて、「これがすぐわかるのは大学の法学部か、現場の警官ぐらいである」としている。

だが、これは新聞記者の働き方を理解していない空理空論でしかない。
たとえば、あるスポーツ選手が麻薬所持容疑で逮捕されたとしよう。スポーツ紙の野球担当記者なら、その後の展開がどうなるか、全く読めないかもしれなくても、それはさほど責められない。ところが、新人のキャリアが警察担当（俗に言うサツ回り）から始まる全国紙・地方紙記者はどうか。
「被疑者が逮捕状に書かれた被疑事実を認めている場合は、拘束してから24時間以内に、また否認している場合は48時間以内に被疑者の身柄を検察官に送る手続をとらなければならない」（同コラム）
という程度のことは知っていることが求められる。もちろん、毎日新聞社のみならず、それ以外の新聞やマスコミ各社でも、志望者が最初から刑事訴訟法をそらんじることなどは要求していない。が、入社後には刑事訴訟法を含め、膨大な資料や法律を読み解く能力は持っていて欲しいとは考えている。また、日々のニュースを見ていて、この程度のことは感覚的にでも知っておいて欲しい、と考えている。その基礎能力を知るためには、ある程度、「送検」といったことについて知っている学生を採用したい。だからこそ、こうした問題が出題されるのだ。そして、こうしたことを「常識」として知っていることは、その学生の「実力」を示すことにつながる。

学歴不問採用と銘打っても、それは実力不問採用であることを意味しないのは当然だろう。企業側が考える一定水準を満たさなければ、学生は採用されることがない。

この学歴不問採用と実力不問採用の混同、すなわち勘違いこそが、いまだ続く大学名差別とその悲喜劇を助長している、と指摘せざるを得ない。

では、大学名差別の現代の構造がどうなっているか、そして、大学・学生が乗り越えることは可能かどうか、それを次章で見ていきたい。

第3章　無名校と普通の学生の逆襲

1　ターゲット校というゆるやかな縛り

指定校からターゲット校へ

前章では、大学名差別の経年変化とその歴史について見てきた。それでは、2017年現在の大学名差別の構造がどうなっているか、解明していきたい。

2000年代に入り、就活は自由応募が大半となっている。技術系採用では、大学推薦や専攻指定（企業側が指定する専攻以外は応募できない）もある。が、少なくとも事務系の総合職・一般職採用では自由応募が原則となっている。

では、自由応募だから、大学名は全く無関係か、と言えばそこまで単純な話ではない。

2000年代、就活市場において、就職ナビサイトは完全に定着した。今では就活を進めるうえで欠かせないインフラとなっている。この就職情報サイトは、企業からすれば、前章で紹介したような大学名フィルターという機能がついている点が魅力の一つだ。

この操作で説明会に参加する志望学生の出身校をある程度、揃えることができる。学歴フィルターの存在で、実質的な指定校制度は続いている、と言えなくもない。実際、大手企業を中心に、「ターゲット校」との呼称が存在する。指定校と違い、特定の大学出身者以外を門前払いにする、ということはない。エントリー・書類送付も一応、受け付ける。その意味では、大学名差別は明らかにかつてよりも無くなっていると言える。

ただし、欲しい学生が存在する大学では、学内説明会を積極的に開催する、まだ開催できていない大学に対しては採用担当者が「学内説明会やセミナーを開催しませんか」と営業をかける。

一部企業は、かつて存在したリクルーター制度を復活させている。これは、採用担当部署以外の若手社員が「リクルーター」、要は勧誘役を担当する制度だ。出身大学の後輩に対して、喫茶店などで面談を繰り返す。企業・学生双方とも、じっくり話ができる、という点でメリットは大きい。もちろん、手間暇はかかるため、企業はどの大学にでもリクルーターを送り込むわけにはいかない。このリクルーター制度の恩恵に与れるのは、一部の難関大のみである。

ターゲット校以外でも同ランクなら

指定校制度があった1950年代〜1980年代とターゲット校の時代である2000年代以降とでは何が違うか。一言でいえば、企業側の大学名へのこだわりの強弱の差だろうか。

指定校制度から自由応募にほとんど移行していた1980年代後半から1991年ごろにかけて、日本はバブル景気にあった。採用市場においては学生側有利の売り手市場である。そんな中にあっても、企業は大学のブランドにこだわり、実質的な指定校制度が継続していた、と言える。

『労務事情』2003年7月1日号の「内定模様の推移を読み解く　価値を失った『拘束』」（執筆者は採用・就職アナリストの斎藤幸江）には、バブル期の内定者拘束事情がまとめられている。

記事中には、執筆者が採用予定数に到達していない企業の採用担当者に就活に出遅れた優秀な千葉大生を紹介したエピソードが書かれている。採用担当者の返事は、残酷だ。
「ダメだ。欲しいのは早稲田の商学部なんだ。政経でも法でも、慶應でもない。早稲田の商学部だ。誰かいませんか？」

いかに大学、それどころか、学部のブランドにこだわっていたかがうかがえる。

2000年代以降は、そこまで大学・学部に強いこだわりを見せる企業はほとんどない。仮に早稲田の学生が内定辞退したとしよう。もし、慶応なり千葉大なり、同じランクの学生で欲しい学生がいれば、おそらく現在の企業はその学生に内定を出す。企業によっては大学ランクを多少落としても、いい学生がいれば選考を進めて内定を出す。

海老原嗣生『学歴の耐えられない軽さ』（朝日新聞出版、2009年）では、海老原が2008年、IT企業の採用コンサルティングを担当していたときのエピソードがある。そのIT企業は、次のような希望を挙げていたという。

「理系は必須、国公立は強い希望。私立なら早慶、東京理科大、あとは東京都市大・芝浦工大クラス」

当事者には申し訳ないが、国公立の理系と芝浦工業大学とではかなりクラスが異なる。このような幅の広さは、指定校制度の全盛期には考えられなかっただろう。

幅の広さに関しては、２０１２年卒就活の体験談をまとめた武野光『凡人内定戦略』（中経出版、２０１２年）にも同様の話が出ている。武野は、就職氷河期に「自己ＰＲのネタなし」「サークル未所属」「友達いない」というマイナス条件を抱えながらも内定を勝ち取った実績をもとに同書を著した人物である。その武野は大学名差別（同書では「学歴差別」としている）について、「『差別』って何？」「大学はお前が選んだんだろうが」と喝破している（著者も同意見だ）。そのうえで、自身の経験から、大学ブランドと就活の関連性について次のように述べている。

「高学歴だからといって内定が取れる時代はとっくに終了しています。高学歴でも、中小企業や、さして有名でもない企業に落選することは山ほどあります。／ですから高学歴もＦランの就活生も、全員が持つべき意識としてはこうです。／『2ランク上の大学を倒すことは不可能ではないが難しい。しかし、1ランク上の大学を倒すのは努力すれば容易』（中略）現に僕は自分より1ランク上の大学生を相手に何度も勝利してきました。そして、1ランク下の大学生に敗北を喫したこともあります」

採用側、学生側、双方とも、１９９０年代以前にあったような大学への縛りは意識していないことが明らかである。

2　ＳＰＩと学歴の関係

ＳＰＩの普及

明確な差別は存在しておらず、企業は幅広く人材を採ろうとしている。それでも大手企業などで採用実績校が偏るのは、企業側の理屈としては次の通りだ。

・大学名差別と言われるほど、門前払いはしていない
・優秀な学生は欲しい
・結果としては難関大の学生ほど就活へのモチベーションが高いので採用が偏る
・多様な人材は欲しいが、企業側が求める知識・教養レベルを落とすつもりはない

特に、４点目については、難関大の学生と、それ以外の学生とでは、格差というよりも、断層が存在する。

就活時に、企業側は適性検査を学生に受検させる。適性検査とは性格検査と能力検査

に分かれており、後者は数学、国語などの学力試験である。適性検査によっては英語、社会なども含む。

この適性検査で、もっとも有名なものがリクルートキャリアのSPI3である。リクルートが開発したSPI（正式名称はSPI総合検査）は、企業や役所が採用の際に受験者の総合力を測るために開発された一種の適性検査テストで、SPI3は2012年に開発された最新版である。年間利用企業は2015年度で「11，100社、受検者数181万人」（リクルートキャリアのSPIサイトより）と、適性検査の中ではもっとも大きなシェアを占めている。

SPIと学力

同社サイトのQ&A集「よくある質問」の中に、「『SPI対策本』で勉強すると、能力得点が高くなりますか？」という項目がある。

この質問に対して、リクルート側は、約90人の受検比較実験から、「『対策本』を用いて短期間に行う事前学習は、能力検査の結果に影響を与えるものではない」と言い切っている。ただ、その実験実施時（レポートの掲載は1995年）は、いざ知らず、20

17年現在では、その回答はあまりにも建前に過ぎるだろう。SPI自体、SPIからSPI3へと変化しているし、同じSPI3でも、毎年のようにマイナーチェンジが施されている。

特に能力検査の非言語分野（数学）は、ちょっとしたパズルのような問題であり、形式に慣れていないと得点できない。逆に言えば、高得点をあげるには「対策本」での勉強は有効だということだ。

そのことは大学も学生もよく理解している。そのため現在では大学も難関校、中堅校を問わず、SPI対策講座を実施している。

『高等教育ジャーナル』2016年3月号掲載の論文「大学における採用テスト対策の現状『SPI対策』についての調査から」では、大学・短大へのアンケート調査が掲載されている。

これによると、模擬試験実施をしている大学は全体の60・2％、対策講座は「キャリアセンター主催の正課外プログラム」60・2％、「キャリア教育の正課授業」も20・1％だった。「キャリア教育の正課授業」とは、就業観を養うための講義であり、ゲスト講師がリレー式に担当する科目もある。筆者も「ジャーナリストが見た最新就職事情」

などのテーマで招聘されることが一再ならずある。この講義が大学によっては一部、またはすべてが適性検査対策であり、しかも単位認定される。

それくらい、対策講座が広く実施されていることも意味する。

ここまで広く実施されているのは、大学ならびに学生側が、適性検査について対策が必要、と認識しているからに他ならない。そして、試験対策に強い学生がどのような大学に多いのか、言うだけ野暮な話であろう。

3　それでも「学歴差別」を訴える君へ

「大学名差別」の隠れ要因①失敗恐怖症

ここまでに述べたことをまとめると、次のようなことが言える。

・かつては「大学名差別」に近い制度（指定校制度）が存在した
・現在のターゲット校も、それに近いと言えるが、そこまで厳格なものではない
・企業は就活ナビサイトで、一定のフィルターをかけることもあるが、門戸を開く傾

向にもある
・ただし、企業の側が欲しいのは「実力」のある学生であり、それが結果として有名校の学生である可能性は高い

これが客観的な状況だと考えられる。

見方を変えれば、大学名差別があると喧伝する人を生む要因ともいえる。「大学名差別」をこの実態以上に「ある」と訴える学生が後を絶たない。その理由としては、以下の「隠れ要因」の影響が考えられる。

学生側の無謀な大企業狙いと失敗恐怖症。

前者は大企業の説明会や選考にしか参加しないことである。それも、その企業や業界に関連した知識なり勉強なりを仕込まないまま志望する。案の定というか、ほとんどが失敗する。

後者は、企業規模に関係なく、就活そのものが恐怖であることを意味する。面接で失敗したらどうしよう、という程度の話ではない。そんなものは今昔問わず、学生なら誰

だって同じである。

場慣れするための場としては、模擬面接が今昔問わずある。また、現在は業界研究セミナーや企業の採用担当者が参加する学生との交流会など様々なイベントもある。私も、採用担当者有志と一緒に首都圏・関西などで就活交流会の運営にかかわっている。

ところが、こうしたイベントについても、「面倒」「行きたい業界の企業が来ていない」「もう予定が入っている」など、様々な理由をつけて行かない学生が圧倒的に多い。表向きの理由はどうあれ、内実は「社会人と話すのが怖い」「失敗が怖い」である。

なお、前者の大企業志向と後者の失敗恐怖症では一見、全く矛盾した心情にも見える。大企業は競争率が高いのだから、失敗の確率も必然的に高くなる。失敗を恐れるのならば高望みをしないほうが良い、というのが論理的な帰結であろう。

ところが、この二つの感情が混在している学生が意外なほど多い。「大企業には行きたいが、挫折は経験したくない」という虫のいい考えの持ち主である。こういう学生が、筆者が取材した限りでは大学の難度が下がれば下がるほど増える。

こういう学生は、当然のことながら、結構な確率で就活に失敗し、最悪の場合だと、就職できないまま卒業してしまう。どう考えても、自己責任なのだが、こういう学生に限って、「日本の就活は大学名差別がひどい」などと喧伝する。こうして「大学名差別」という話がまた広まる。

「大学名差別」の隠れ要因②卒業年次による学歴フィルターの振れ幅

学生が有利な売り手市場の年であれば、就職しやすい。

学生が不利な就職氷河期の年であれば、就職しにくい。

これもまた「大学名差別」の隠れ要因の一つである。何を当たり前のことを、と読者からお叱りを受けそうだが、この卒業年次の違いは意外なほど、就活論では登場していない。


この卒業年次の違いが大学名差別にどうつながるのか。理屈としては、それほど難しいものではない。大学名による選別をある程度合理的、と考えている企業があるとしよう。その企業は、学生が不利な就職氷河期では、難関大から順番に採用していく。学生が有利な売り手市場だと、難関大だけでなく中堅大にも広げて採用をしていく。氷河期にMARCHクラス以下の大学を切っていた企業は日東駒専・産近甲龍クラスまで、日東駒専クラスを切っていた企業は大東亜拓桜帝国クラス（大東文化、東海、亜細亜、拓殖、桜美林、帝京、国士舘）まで広げていく。

売り手市場を経験した世代からすれば、日東駒専クラス出身者であっても、勝ち組であれば、「大学名差別などなかった」と感じる。しかし、就職氷河期を経験した世代からすれば、ＭＡＲＣＨクラス出身者であっても、「うちの大学は大学名だけで差別された」と感じる。

ここにＳＮＳがからむ。大学名差別が話題になるたび、一般人もその話題に参入する。その際、卒業年次を含めた個人属性をわざわざ開示してまで投稿する物好きはほとんどいない。

個人の経験談のみで論じる、それがネットの世界である。個人の経験談、悪く言えば感情論がいつの間にか、事実にすり替わってしまう。しかも、ネットは古い記事も投稿者が削除するなどしない限り、いつまでも残る。読んだ学生からすれば、それが古い就職氷河期世代のものだったとしても、「大学名差別」「学歴フィルター」という見出しだけに注目してしまう。

そして、古い情報であっても、学生の中では、最新情報と勝手に置き換えてしまう。

「大学名差別」の隠れ要因③企業側の思い込み

ここまでの2つの要因は、ほぼ学生側の勘違いや八つ当たりのレベルであるが、この「企業側の思い込み」は、採用担当者の個性に拠るところも大きい。

採用担当者はサラリーマンである。サラリーマンであれば、人事異動と人事考課がつきまとう。人事異動で他の部署に異動する、ということは採用活動にそれほど思い入れがなくてもできてしまう。それから、人事考課とは要するに社長・役員（または上司）の志向をくみ取ることである。

社長・役員が、大学ブランドを過信していない、しかも、それが定着している場合は難関校・伝統校以外からの採用が増える。

しかし、そこまで柔軟に考えることのできる企業はそう多くない。大半は、前例踏襲で考える。

「今年、旧帝大クラスいないの？　ちゃんと採らなきゃ」

「×大は最低でも5人は欲しいよね」

「△大？　最近よく聞くけど、そういう大学で大丈夫？」

社長・役員や上司にこんな風に言われると、採用担当者には、はねつけるだけの見識・権限がない。仮に権限があったとしても、もし、これまで採用実績のない大学から採用した社員が何か失敗ないし早期退職をすれば、「なぜ、あんなのを採用したのか？」と非難されるのは目に見えている。同じ失敗、同じ早期退職でも、旧帝大など難関校や採用実績校であれば、「今までと同じ、◎大だったので問題ないと思った」と言って責任を回避できる。企業の方針としては、必ずしも特定の大学を贔屓するつもりはなくても、結果として大学名差別に近いことが行なわれることはありえる。採用側の「事なかれ主義」が結果として大学名を重視する方向を強化することにつながるのだ。

難度が低くても就職実績がすごい香川大

ブログ「香川大学解体新書」は個人ブログ（おそらく筆者は香川大ＯＢ）ながら、客観的データが豊富である。同ブログによると、香川大（経済学部）と広島県にある福山市立大（都市経営学部）を比較した場合、２０１６年の河合塾の偏差値では、センター試験の得点率では65％VS67％（どちらも後期試験）とほぼ同じか、福山市立大の方がやや上である。

ところが、就職実績は、次頁の図４（香川大・福山市立大就職実績表）の通り、公務

図4　香川大と福山市立大の比較表

	学部名	センター得点率（河合塾・2016年後期）	学部定員	公務員就職（2016年卒）	地方銀行（2015年卒）
香川大学	経済	65%	280	53	43
福山市立大学	都市経営	67%	150	8	0

員、金融についてそれぞれ、香川大の圧勝である。ブログにはこうある。

「もともと香川大経済の公務員志望者の割合は伝統的に低いため、学部定員こそ280名と福山市大の倍近くあるものの、公務員志望者の母集団の数は定員差ほどは違わない」

なぜこのような差がつくのかといえば、やはり地元企業の「前例踏襲」が大きな要因だと考えられる。こうした例は他の地方大でも珍しくはない。香川大の学生が就活に強いのは、もちろん偏差値以上に優秀な学生が多い、大学教育がしっかりしている、という事情もあるだろう。

が、それは福山市立大でも同様の可能性が考えられる。

偏差値がほぼ同じなのに、なぜ香川大と福山市立大では大きな差がついてしまうのか。それが、前例踏襲である。

前例踏襲について、「香川大学解体新書」ブログでは、ＯＢについて言及している。

「都市銀行の頭取から地銀重役、信金の理事まで、企業規模の大小にかかわらずまんべんなく進出して幅広い卒業生人脈を築いてきたのが旧制高松高商以来90年間の伝統を持つ香川大経済の強みである。それを生かして、所在地の香川県のみならず、近隣各県においても他の有力国立大に対して互角以上の強さを発揮している。たとえば、お隣り愛媛県の伊予銀行では、岡山大法文、香川大経済とも卒業生の常務取締役が頑張っており、今春の入行者数も岡山大経済4名に対して香川大経済5名と拮抗している。両校の入試偏差値の差と、昨今の愛媛県からの入学者数の差を考えれば、これまた『奇異』な現象だともいえる。しかし、平成10年の青野副頭取以降、香川大経済から過去3人の重役が出ており、今年（筆者注・2016年）6月さらに法学部OBの藤田氏が執行役員に就任していることを考えれば納得できよう。旧帝大が置かれなかった中・四国地方においては、旧官立高商の戦前からの『財界士官学校』としての地元での存在感は非常に大きい。新設公立大学とでは、都市銀行や生保・損保の実績を加えるまでもなく、その差は歴然としている」

前例踏襲すぎて見逃すケースも

こうした前例踏襲は保守的な企業でよくある。企業・採用担当者からすれば、手間がかからず楽である。もちろん、それでその企業にとって必要な人材が採用できるか、と言えば別問題である。

大都市圏のとある大企業では、地方支社の一般職については地方支社での裁量に任せていた。地方支社には人事部がなく、総務部が採用担当も兼任していた。すなわち、採用にあまり手間暇をかけていられない。

そこで、以前に採用した女性社員の出身校でだけ、説明会を実施。そこからの採用に限定していた。実質的な指定校とも言える。

ところが、いくつかの地方では、大学の勢力図が一変していた。かつての伝統私大のレベルが大幅に低下し、新設の公立大や弱小校の急成長などで後者の方に優秀な学生が揃うようになっていたのだ。ところが、そうした新興勢力の大学には一切、説明会すら開かず、採用もしない。理由は、「だって、どうせ数年でやめる一般職だし」というものだが、それで企業としていいのかどうか。

似たような話をもう一つご紹介しよう。某地方銀行では、Uターン組以外は、県内の国公立大しか採用をしていない。この地方で、やはり急成長を遂げた新設校があった。しかし、マスコミで話題になってもなお前例踏襲にこだわり門前払い。

ようやく学内説明会を開こうとしたのは、すでに就職実績が十分にできた後であり、今度は逆に大学から「御行に行きたがる学生がいないので」と門前払いにされたそうだ。

4　逆転のヒントはどこにあるか

同ランク内でも逆転あり

先ほどの「企業側の思い込み」とは、やや矛盾するが、大学によっては同じランクながら、評価を上げている大学、落としている大学がそれぞれある。

具体的に言えば、明治大は１９９１年に比べると、同じＭＡＲＣＨクラスの中でもかなり互角になってきている。以前は立教・青山学院に就職実績で負けていたのに、その差がなくなってきたのだ。明治大は２０１０年に志願者数日本一となるなど、受験生から支持される大学になっている。１９９０年代までは、男くさい大学として女子高生からは敬遠されていた（青山学院、立教に流れていた）が、今は全く関係ない。

同じく、関関同立クラスでも１９９１年に比べると、立命館大は同志社大に対して、差を詰めてきている。立命館大が学部数を増やし、さらにマンモス校となったことが影響しているだろう。

このほか、経年変化表には入っていないが、国際教養大、立命館アジア太平洋大などはグローバル人材を欲しがる企業から絶賛され、これまで採用実績がなかった企業からも求人が相次いでいる。

「大学→個人」をひっくり返す逆求人サイト

1990年代以前と2000年代以降で、大きく変わったのは、大学というもの自体のブランドが低下している点である。『プレジデント』2011年10月17日号「人事部の告白」記事には、こうある。

「どうも最近は、早慶クラスとMARCHクラスの学生の学力の差がなくなってきているように思う。大学全入時代に入り、学力レベルも既存の上位校の序列が崩れてきているのではないか。(中略)大学時代に努力しているかどうかの差が大きく出てきている」

そうなると、大学名だけではなく、個人の優劣で判断しなくてはならない、と企業側が考えるのは当然だろう。この個人重視の傾向を後押ししているのが、「逆求人型サイト」のJOBRASS(ジョブラス)やOfferBox(オファーボックス)である。いずれも2012年から開始されたサービスで、リクナビ・マイナビなど大手就職情報ナビとは方向性が異なる就職サイトである。

企業側が情報を公開し、学生が閲覧して気になった企業をブックマーク（エントリー）し、選考申し込みをしていく。これがリクナビ、マイナビなど従来のサイトの流れだ。

一方、逆求人型サイトは、学生が基本情報（大学・学部名や住所などの個人情報）だけでなく、自己PR、エピソードなども含めて、企業側に公開するというものだ。これを見た企業側は気になった学生に、選考や説明会参加のオファーを出す。従来のサイトとは流れが逆であるため、逆求人型と呼ばれる。

従来のナビサイトは、企業情報を掲載した時点で、料金が発生する。JOBRASSの「選考オファープラン」も、同様だ。一方、JOBRASSの「エージェントプラン」とOfferBoxは完全成功報酬制。つまり、学生が内定承諾をしてはじめて料金が発生するシステムである。

なぜ、この逆求人型サイトが大学名重視の傾向を変えることになるのか。それは学生個人の情報が豊富だからである。

「どんな大学にも優秀な方がいらっしゃると思います」

これは1960年代の髙島屋の人事課氏のコメントである（『サンデー毎日』1967年7月16日号）。指定校制が全盛だった50年前、企業の採用担当者だって、この理屈を理解はしていた。それでも、指定校制含め大学名に依拠していたのは、「採用の手続き上、しぼらないとさばききれませんのでね」（同）という事務処理上の事情が大きかったのだ。ところが、逆求人型サイトでは、簡単に希望する資質を持つ学生を検索できる可能性がある。

逆求人型サイトの中では、2016年時点で、JOBRASSがトップクラスである。求人広告などを手がけるアイデムがオープンしたサイトだ。

「開始以来、累計で約40万人が利用しています」（アイデム・北薗潤一さん）

他の逆求人型サイトと異なり、

「学生の方も企業情報を検索できます。それから、企業情報は採用担当者へのインタビューなど他の就職情報サイトとは違う内容にしています」（北薗さん）

一方、OfferBoxはi-plug（アイプラグ）が運営。こちらは、逆求人型サイトの中でも特に学生の記入文字量が約1600字と多いことで有名だ。

OfferBoxは、学生の検索について、大学名だけでなく、性格診断テストの結果などからも可能となっている。

問題は、そういう自己PRがどこまで信用できるかだろう。もちろん、その点について、サイト側は意識的だ。JOBRASS、OfferBoxとも書かなければならない情報量がきわめて多い。前述したように、OfferBoxは最大で1600字も書かなければならない。運営するi-plugの中野智哉社長は、あえてそうした、と筆者の取材に対して話す。

「エピソードや自己PRなど書かなくてはならない情報量は確かに多い。でも、だからこそ1社当たりの接触量が増えて、学生・企業、双方のメリットにつながるのではないでしょうか」

実際、学生に話を聞くと、好評だ。

「他のサイトと違い、JOBRASSやOfferBoxは自己PRなど書く量が多い。でも、色々とアピールできるし、オファーする企業も、自分をよく見てくれている感じがした」（関西大生）

逆求人型サイトの浸透は、企業の採用を大学名への依拠から個人重視に変化させる可能性を秘めている。

「就職情報サイトは、学生の大量確保（そのための簡素化）、企業からのオファー量増加、前金制、3点がそろわないと無理、と言われていました。OfferBoxはこの3点をすべて無視しています」

と中野社長は話すが、OfferBoxの利用学生は累計5万人を突破（2016年時点）。JOBRASSも延べ40万人となっている。

個人重視の動きに対して、大手ナビのリクナビも対応している。2015年卒向けとなる2013年から、Open（オープン）ESというシステムを導入した。これは、各社バラバラだったエントリーシートを共通使用できるようにしたものだ。

企業からすれば、早い段階から学生個人のことがよくわかる、として好評だ。これも、大学名重視の傾向を変える要因となる可能性がある。

5 「社会人慣れ」が鍵になる

学歴フィルターの乗り越え方

では、大学はどうか。大学名差別の隠れ要因として指摘した失敗恐怖症について、実は偏差値とは全く無関係の大学、学生がいくつか存在する。

それは、社会人との接点が多い大学、学生である。ゼミでも実習でもサークルでもなんでもいい。早い段階から社会人との接点がある学生は大学の難易度とは無関係に失敗恐怖症に陥らない。

理由は簡単で、社会人も人間であるということ、人間である以上は失敗すること、そしてふつうに接することができること、などを理解しているからだ。

この社会人慣れした学生は、地方の国立大や中堅大だったとしても、学歴フィルターをやすやすと乗り越える。

企業説明会の参加が学歴フィルターではねられたとしても、社会人慣れした学生はそう簡単にめげない。その企業の採用担当部署に電話をかけ、どうしても説明会・選考に参加したい旨、切々と訴える。

企業側からすれば、そこまで手間をかける学生をむげにはできない。電話で断られたとしても（少数、断る企業はある）、今度は説明会当日、「立ち見でもいいので」と訴える。それも、開始１時間前に行って、他の参加学生の受付の邪魔にならないようにする配慮を見せる。下手なセールスマンより駆け引き上手な学生には企業側も降参するしかない。過去10年、学生に取材した経験では、ここまでやれば説明会・選考に参加できる勝率は8割ほどになるようだ。相当な勝率である。

これは合同説明会においても同様だ。2015年、話を聞いた、西日本の某国立大生の行動力は凄かった。首都圏のめぼしい難関校での学内合同説明会やセミナーに自主的に参加していたのだ。

「自分の大学では大きなイベントがないですし。でも、そこを選んだのは僕で、何もないことに文句を言っても始まらない。だったら、就職の情報量が多そうなところに行ってておこうかな、と思って」

この学生は、志望企業に内定を取った。こうした例は、社会人慣れしている学生には珍しくない。仮に失敗したとしても、それはそれ、と切り替えられるからこそ、大胆に行動できるのだ。

社会人審査員に泣かされる大阪経済大

このような話を聞いて、感心する人もいるだろうが、「その程度のことが珍しいくらいに行動力のない大学生が増えているのか。情けない」と嘆く向きもいることだろう。

社会人慣れにしても、失敗慣れにしても、大学を卒業するまでに、個人で経験を積むのが当然だ、という考え方はある。一々、大学が面倒を見るようなことではない、と。

だが、いくら学生の自己責任論を問うても仕方ない。大学からすれば、放置していては学生は変わらない。何もしなければ、学生の就職へのモチベーションは上がらないままだ。しまいには就職実績を大きく下げ、ひいては受験生集めにも悪影響となる。

だったら、大学側が意識して学生と社会人が接点を持てるような教育プログラムを作り出すしかない。そうした試みはすでに各大学で行われている。成功例を二例、ご紹介したい。

大阪経済大は「ＺＥＭＩ‐１グランプリ」というイベントを２０１０年から開催している。ゼミ対抗のイベントで、ゼミ所属の学生が３人１組となり、調査内容を発表する、というものだ。ゼミで何かを調査、発表する、というものは日本全国、どの大学でもよくある話だが、「ＺＥＭＩ‐１グランプリ」の特徴は全学的にやっていることと、プレゼンの場には大学教員や外部の社会人が審査員として参加している点にある。

私も２０１４年に見学し、２０１５年の予選会では審査員として参加した。この年は25ゼミから52チームが予選会に挑んだ。

「厳しい質問をしてもかまいません。社会人がどういう視点を持っているのか、それを

学生に知ってもらうためのイベントでもありますし」（黒正洋史・進路支援部長）

とのことだったので、こちらも遠慮なく、わからないことを聞くようにした。

「この内容は、××という視点から調査することはありましたか？」

「事前にいただいたテーマと今回の発表では内容がやや離れていますが」

審査員は３人１組で、私の担当したグループは私と大学の教員２人だった。

学生のプレゼン内容はもちろんのこと、審査員の質問にどう答えるかも、審査対象となる。厳しい質問に詰まったり、うろたえたりする学生もいれば、論理的に切り返す学生もいる。半泣きになる学生もいるそうだ。こうした対応もまた審査の対象となる。

この予選から、準決勝、決勝を経て、上位5チームは、日経ＢＰマーケティングが主催する学生のプレゼン大会「西日本インカレ」に参加できる。

「参加チームは毎年、増えています（２０１６年は24ゼミ・64チーム）。同じチームでテーマから調査までを分担。なかには、普段は話さない社会人の厳しい質問にたじろぐ学生もいます。しかし、その経験は学生を確実に成長させています。今後も全学を挙げて継続していく予定です」（黒正部長）

肝心の就活への影響はどうか。２０１４年・第5回の参加者（２０１６年卒）を進路部が調査したところ、資本金10億円以上規模の企業に就職した割合は34・1％。非参加者を含む全卒業者だと35・5％なので、やや落ちる。が、これは悲観的に見る必要は無い、と黒正部長は考えている。

「ZEMI-1グランプリ参加の学生は就職へのモチベーションが非参加の学生よりも高い。その結果、あえて大企業ではなく、無名企業・中小企業を選んだ学生もいる。それはそれで学生が成長した証だし、結構なことだと思う」

学生がツアコンまで担当する文京学院大

文京学院大（東京・埼玉）は「五街道ウォーク」というイベントを実施している。1994年に開始した当初は東海道を踏破する「東海道五十三次ウォーク」だったが、これは2010年に終了。2012年から2016年は中山道、2018年は日光街道、2020年は奥州街道、2022年は甲州街道を、それぞれ踏破する予定だ。

この五街道ウォーク、単に街道を歩くというイベントではない。その理由は2年に1回開催、という頻度にある。

五街道ウォークでは、学生は任意参加で、一般参加組とスタッフ参加組に分かれる。

開催時期は毎回8月ごろであり、一般参加は7～8区（行程）あるうちのいずれか、または複数の区に参加する。1区あたりの日程は1泊2日だ。大半は1区のみの参加にとどまる。

一方、スタッフ参加は、全日程ないし、半分程度に参加する。しかも、自分が担当する区については、全てをこなさなければならない。

全て、とは何を意味するか。まず、一般参加者が楽しめる行程にするにはどうすればいいかを企画。決まったら、実施の前年に1回・実施年の3月、8月と3回も下見をする。

一般・スタッフ合わせて、各区とも70～80人という大集団である。数人ないし十数人程度のゼミ合宿とは規模が異なる。そのため、下見の際には、行程区間の自治体、商工会議所から昼食会場となる喫茶店・定食屋、宿泊先のホテル・旅館などとも打ち合わせが必要になる。

実施時期が夏であり、しかも長い区間だと10キロ以上歩くため、熱中症対策も必要だ。こまめに給水ポイントを作り、ゴミ処理も事前に考える。開催直前には、地元マスコミ各社を訪問し、記事化を依頼する。

さらに開催当日には、ツアコンとなり、参加者の安全を配慮しつつ冗談を交えてガイドをする。要するに、旅行会社が金をとってやることを学生が担当する。「全て」という意味がご理解いただけるだろうか。

もちろん、学生のみ、というわけではなく、教職員が全部署・全学部からそれぞれ参加。必要なところではアドバイスや指示を出す。なお、下見や開催時のスタッフ学生の旅費、宿泊費、飲食代などはすべて大学負担である。

軽く計算しても、１回開催で１０００万円以上はゆうにかかっており、文京学院大がいかにこの教育プログラムに手間暇と資金を投入しているかがわかる。

「タダで旅行できる」という動機から、スタッフとして参加する者もいる。が、ちょっと冷静に考えれば、旅行会社でのアルバイトなら、旅費・宿泊費などは必要経費で出るのは当然だし、そのうえにアルバイト料ももらえる。

この五街道ウォークでは、アルバイト料などは発生しない。しかも、指示を出すのも基本的には同じ学生である。

著者は、２０１６年の中山道ウォーク・第４区（岐阜県恵那市）に参加、取材した。実行委員長の河原君（当時3年生）はこう話してくれた。

「2015年にスタッフとして入ってきた1年生30人のうち、1回目の下見（2015年夏）が終わった後、半分が辞めました。アルバイトや講義が忙しい、とする理由が多かったですね。実際、月に1回は教職員を交えた会議があります。会議の他にも放課後や授業の空き時間に部室に集まって作業をするなど、相当忙しいです。先輩学生とのやり取りのこじれから辞めた学生も残念ながらいました」

しかし、残ったスタッフ学生は、頑張っていた。私が参加した4区の区長（区の責任者）はおとなしい女子学生だったが、それでも、参加者を楽しませようと冗談を飛ばしたりしながら、頑張って観光スポットの案内をしていた。他のスタッフ学生も同様であり、一般参加者は高く評価していた。

「旅行を楽しむ、というのもありますが、それよりは自分を高める、自分を成長させたい、という思いからスタッフとして参加する学生が大半です。それに実際、少しは成長できたかな、とも思いますし。OB・OGを見ていると、この五街道ウォークでの成長が就活にもいい影響を与えていると思います」（スタッフ学生）

2018年は中山道（岐阜県）から遠く離れた日光街道（栃木県）である。

「毎回、場所が変わるので、前例踏襲ができません。ホテルから自治体、商工会議所、企業、マスコミ、立ち寄る観光スポットなど全部一から交渉することになります。これも五街道ウォークの特徴です」（キャリアセンター・小泉拓也さん）

普通じゃ駄目なのか

このような大学は他にもある。もともと、社会人との接点が多い大学もあるし、ゼミ単位のものまで含めれば相当数あるだろう。大学祭やサークルなども同様だ。
問題は学生である。そこまでやっても、なお不安を覚えたり、悲観的に考える学生は少なくない。

「自分は普通だ。普通の学生は今の就活ではうまくいかないのではないだろうか」
「体育会系でもないし、特に資格もない。留学をしたわけでもない。ゼミやサークルなどで目立ったわけでもないし、成績優秀でもない。そんな自分はダメだろう」

確かに、サークルによっては、少人数でごくごく狭い世界の中で過ごすしかない。大学祭も以前ほど学外との接点が少なく、身内受けで終わるところも多い。

とはいえ、こうした学生の一部が、「うちの大学は××大学に負ける」など、自嘲気味に話すことで、結果として「大学名差別」という話を広めている。それが現状だ。

特に逆求人型サイトについては、JOBRASS・OfferBox ともに、利用していない学生の中には、「あれは高スペックな学生だけしか使えない」「どうせ難関大しか相手にされない」「体育会系とか、留学経験とか、そういうのがないと無理」などと敬遠してしまう者が珍しくない。しかし、実際はそうではなく、前述のように大学名に頼らないＰＲの場として活用できるからこそ利用学生数が増加しているのだが。

たしかに、逆求人型サイトの中には登録者を難関大限定にしたものもある。とはいえ、大勢としては、タテマエではなく、本当に大学名依存から個人重視へと変化しつつある。それが２０１０年代の就活トレンドと言っていいだろう。

こうまとめると、読者は疑問や不満を持つかもしれない。

「体育会系でも留学経験もない、普通の学生のどこを見て採用の是非を決めるのか」

「普通の学生を採用したい、とよく聞くが、あれこそ究極のタテマエではないか」

では、普通の学生のどこを見て採用の是非を決めるのか、採用／選考の現場はどうなっているのかを含めて、次の章で見ていきたい。

第４章　企業は何を見ているのか

１　手書きの履歴書はＮＧか

ホリエモンの「手書き論争」

２０１５年３月、履歴書やエントリーシートなど選考書類について、ホリエモンこと堀江貴文がTwitterで、「手書きはやめて欲しいね。」とコメントしたことが、ネット上で大きな話題となり、論争を呼んだ。論争の発端は、３月７日に投稿された「履歴書が手書きの奴は採用候補に入れたくない」という匿名のブログ記事だ。同記事投稿者は、

「ＰＣでの書類作成が苦手なのではないかと感じる」

「手書きで書くことで誠意を伝えようとか考えていそう」（いずれも原文ママ）

の2点を根拠として挙げ、誠意を見せることは大事だとしながらも、「手間暇を無駄にかけるのが誠意だと思われるのは困る」としている。堀江のコメントは、この記事を受けてのものだ。

当時、この騒動を受けて、筆者も、ネット記事を数本書いた。すると、記事を気に入らなかったのであろう、堀江支持派から、ネット上でネガティブなコメントをいただく羽目になった。何のことはない、論争を遠巻きに見て観察記事を書いていたら巻き込まれてしまったのだ。中には、「筆誅を加える」とまで、息巻く方がいて、筆者ごときにそこまで労力を割いてくれるとは、と思わず頭を垂れたほどだ。

実は、この手書き論争、日本がネット社会となった2000年代以降、毎年のように話題になっている。2015年はたまたま堀江が参戦した、というだけである。

この論争は、日本の就活における選考について、採用担当者と就活生との意識の落差をよく示している。この章では、選考について考察していくが、まずはこの手書き論争について見ていきたい。

手書き支持・不支持、それぞれの言い分

筆者が取材したところ、履歴書・エントリーシートの手書きを支持するのは、大学関係者の大半、それに、採用担当者もＩＴ業界以外では支持が圧倒的に多い。

「人となりがわかるし熱意もわかる」

「一般職だと字の丁寧さは大事なのでかなり見る。書類・礼状などを書く機会も多いし、そのためにも手書きでないとダメ」

「ＰＣ作成でも手書きでも内容が大事。ただ、手書きで殴り書きだと、どうしても入社への思い入れがその程度か、と考え込んでしまう」

「字はうまくなくても丁寧かどうかは見ている。履歴書ではなく、会社説明会アンケートでも、丁寧に書ける学生は、その後の選考でも結果としては高い評価を受ける学生が多い」

などが理由として挙げられる。

一方、不支持は、採用側であればＩＴ業界が圧倒的に多い。それから、学生も不支持が大半だ。

学生からすれば、それぞれの企業に違う内容のエントリーシートを書かなければならない。それでいて、本当に読んでいるのかどうかわからない書類に労力をかけたくないというのが、本音だ。
ＩＴ業界側には、そもそも就職情報サイトなどネットでやり取りしているので、手書きでわざわざ選考書類を学生に書かせる、受け取る、という文化がほとんどない。せいぜい、内定後に保管書類として履歴書を提出させる程度だ。
「ネットでのやり取りにすれば、お互いに楽なわけだし、それを手書きにしなくてはならない理由がよくわからない」（某ＩＴ企業採用担当者）
実はここに両者の大きな意識の落差が隠されている。

どこを重視するかで変わる選考

ＩＴ業界の大半の企業は選考書類についてネットでやり取りをするため、手書きを求める機会がない。手書きにしなくても、「気持ちは内容に込められているとおもいます」（堀江・Twitter より原文ママ）と考えられるわけだし、むしろ手書きにしたらお互いに無駄な労力が増えるだけだという判断をしている。

一方、手書き支持の企業はどうか。手書きにすれば、書く学生の方も大変だが、読む企業側も苦労をする。が、労力こそかかるが、それは無駄とは考えない。むしろ、必要なコスト、と考えている。

『短所を言えたら内定が出る』（パブラボ、２０１２年）の著者で採用コンサルタントの柳本周介さんは、

「新卒採用の履歴書は指定がなければ手書きがお約束です。社会人転職の職務経歴書はPC作成ですけどね。まあ、新卒採用の履歴書でもPC作成であることを理由に落ちる、なんてことはまずありませんが」

と話したうえで、企業が手書きを好む、意外な理由を教えてくれた。

「メンタルの弱さがわかる、というのも手書きを好む理由です。メンタルの弱い学生は、独特の書き方、と言いますか、字が震えています」

メンタルチェックに限らない。ある機械メーカーの採用担当者はこう話す。

「ふりがなの指定があるのに、振っていない学生がいます。『ふりがな』と指定しているのに、カタカナを書いてしまう学生もいます。写真がきちんと貼れていない学生もいます。こういうことは細かいようですが、手書きのエントリーシート・履歴書にすると些細なことでも学生の本質を見ることができます」

堀江や手書き否定派は、メンタルチェックなども書類選考と合わせて実施するのは手

間であり、別の機会に実施すればいいではないか、と考えるかもしれない。もちろん、それも一理ある。どちらがいいか、ではない。手書きを無意味と考えるか、有効と考えるか、企業によって答えは変わるということだ。

2　エントリーシートから何を読み取るか

使い方から設問まで異なるエントリーシート

そもそも手書きにせよ、ネット送信にせよ、当然のことながら、企業が見ようとしているポイントはそれぞれの企業によって異なる。たとえエントリーシートの書式がネット送信（あるいは手書き）で統一されていたとしても、「答えは変わる」のだ。

以下は、大手商社のエントリーシートの設問である。なお、A・B・C社、それぞれ、規模などはほぼ同等である。

【A社のエントリーシート】

①これまでの学生生活の中で挙げた実績や経験を4点教えてください。（各50字で）

②あなたが最も信頼を得たと思う経験について具体的に、回答した上記4点の経験の中から説明してください。（400字）
③あなたの最大の挑戦について、具体的に（結果の成否は不問）上記4点挙げた経験の中から説明してください。（400字）
④あなたが弊社で挑戦したいこと、実現したい夢について教えてください。その際、特に興味のある分野や事業があれば、具体的に触れて頂いても構いません。（250字）

【B社のエントリーシート】
①あなたのこだわりは何ですか？（20字）
②やりがいを感じるときは何をしているときですか？（20字）
③日ごろ継続している習慣は何ですか？（20字）
④どのような人生を歩みたいですか？（30字）
⑤ストレスを感じるときはどのような時ですか？（30字）
⑥リーダーシップに必要なものは何ですか？（30字）

⑦あなたは周囲から何と言われることが多いですか?(30字)
⑧これまでに後悔していることは、何ですか?(20字)

【C社のエントリーシート】
①これまでの学生生活の中で、最も熱心に取り組んだ学業について(研究室、ゼミ、資格勉強、留学など学業に関係するものであれば可)どのような内容だったのか、簡潔にお答えください。(100字)
②幼少期から今までの人生経験において、最も現在の人格形成に影響を与えたと考えられるエピソードと、その影響を教えてください。(300字)
③自分の想いや考えを強くもって目標を掲げ、何かを実行した経験を簡潔に教えてください。(50字)
④上記の具体的な内容を教えてください。(300字)
⑤どのような社会人になりたいか、教えてください。(300字)

設問内容は似ている点も多いが、文字数は大きく異なる。A社は設問4問で合計12

50字、C社は5問で合計1050字とやや多い。一方、B社は設問こそ8問と多いが文字数の合計は200字とA・C社の2割程度しかない。

これはどういうことか。

取材等から推察するに、B社はエントリーシートの記述内容を重視していない。見ているとしたら、学生の属性、すなわち、大学名である。ここで、大きくふるい落としたうえで、面接担当者に書類を渡す。

面接担当者も初期選考ではそれほど時間をかけない可能性が高い。

エントリーシートの回答を学生がどんなに苦労して作成したとしても、文章というよりは見出し程度のものしかできない。

面接担当者からすれば、面接開始の数時間前に読めばいいし、極端な話、読まなくても、面接に臨むことができる。

このことから、B社は大学名を相当重視していること、文章作成能力よりも面接でのプレゼン能力を重視していることなどが推察できる。この方法だと、選考の手間としてはそれほどかからない。エントリーシート受付の段階で、機械的に選別できるからだ。

一方、A・C社はどうか。B社の5倍以上文字量がある。つまり、相当、文章作成能力を重視していることが推定できる。それだけ読むことに手間をかけており、それだけ人間性を重視している、とも言える。「とも」とは、単純にB社は機械的、A・C社は人間性重視、ときれいにまとめられないからだ。

実は選考フローとしては、3社とも、「エントリーシート提出→筆記試験→面接（回数は各社により異なる）」と同じだ。では、A・C社はどうエントリーシートを活用しているのか。次の5つが考えられる。

①B社と同じく、実は大学名で選別している。
②エントリーシートの下読みを専門企業に丸投げし、そこで、一定数を選別している。
③エントリーシート受付後はすぐ読まない。適性検査・筆記試験で選別し、通過した学生の分のみ読む。
④一部分しか読まずに判定をする。
⑤本当に全部読んでいる。

この5点の融合系も考えられる。可能性として高いのは①・③の融合であろう。特に

③は大手企業ではよくある手法であり、選考フローでも適性検査を先に課す企業もある。選考フローでは「エントリーシート提出→適性検査」としておいて、「書類と適性検査の結果、両方を合わせての総合判断です」とでもしておけば、そうそう異論は出ない。うまい手ではある。

志望動機が消えかかる？

先ほどの3社の設問内容のうち、志望理由や自己PRについて改めてお読みいただきたい。三者三様で、温度差があるが、どの社も、そこまで重視していないことにお気づきだろうか。

もし、志望理由・自己PRを重視しているのであれば、そのための設問を作る、あるいは文字数を増やす、という対応をするはずだ。

志望理由は、A社だと250字も書かせている。それに対して、B社は「どのような人生を歩みたいですか」、C社は「どのような社会人になりたいか」と志望理由とも自己PRともとれる曖昧な設問になっている。文字数もC社は300字と多いが、B社は30字しかない。

実は、この3社だけではない。エントリーシートどころか、面接でも志望動機をあえて聞かない企業が増えている。というのも、志望動機は書く学生も苦労するだろうが、読む企業側にとっても取り扱いが難しい情報だからだ。

以下、よくある志望動機と、それに対する採用担当者の独白を並べてみた（カッコ内が独白）。

・「自分自身を成長させたい」　（自分勝手なんだね）
・「貴社製品が好きだったから志望した」　（一生、うちのファン、お客さんのままでいてください＝知名度の高い企業の場合）
・「貴社製品が好きだったから志望した」　（それ絶対、ウソだろ、な？＝学生に知名度の低い部品メーカー・商社など）
・「街づくりを通して社会貢献をしたい」　（どの会社だって社会貢献しているしさあ）
・「人と人とを結び付ける仕事から人を笑顔にしたい」　（どの会社だって笑顔にするようにしているしさあ）

・「（広報、人事などが）好きな仕事だから」　（違う部署に行けばすぐやめるようなヤツはいらない）
・「社風が好きだから」　（違う部署だと雰囲気も何も違うわけだしさあ）

いささか意地悪に見えたかもしれないが、学生に志望動機を書かせれば、ここにある内容だけで９割埋まるといってもいい。

学生からすれば、大量に受ける中で、ほとんどの企業に対して特別な志望動機などないというのが本音である。あえて言えば、「どこでもいいから就職させてほしい」程度だろう。もっと言えば、「給料がたくさんもらえて仕事が楽で、休みの多い企業がいい」が、本音である。そんな企業はどこにも存在するわけがないが。

企業側も、そうした本音はよくわかっている。他ならぬ採用担当者が、自身が就活をしていたとき、全く同じ思いを持っていたからだ。

3　志望動機に無理がある

「下着」ネタを否定したワコール

日本経済新聞・電子版「お悩み解決！　就活探偵団」２０１２年1月25日の回では、テーマとして志望動機が取り上げられている。この中で、ワコールでは、

「男性目線で女性用の下着を作りたい」

「女性の美しさを手助けしたい」

「女性がいきいきできるように手助けしたい」

といった志望動機が多いと回答している。このうち1番目については、

「当社は女性のために女性目線で下着を作ってきているので、男性的な感性は必要ありません」

と、バッサリ。そりゃあ、そうだろう。男性目線の下着がどのようなものか、興味がなくはないが。一方で2、3番目については肯定的なコメントをしている。

「『女性を応援したい』というのはワコールの存在理由であり、否定できません」

同記事では、グンゼの担当者のこんなコメントも掲載されている。

「（社会経験のない学生が）もともと当社を深く知っているとも思えない。どの学生も似たような志望理由を言うのは、ある程度仕方がない」

ワコールのことが書かれた記事は２０１２年のものだったが、同社は２０１５年には、エントリーシートの志望動機欄に、わざわざ「下着が好き、以外（を書くように）」との注意書きを入れた、と学生から聞いた。

よほど同様の記述が多く、かつ、うんざりしていたことがうかがえる。

なお、現在でも志望動機・自己ＰＲを残す企業も、機械メーカー・商社含めて広く存在する。

採用担当者の現場レベルは志望動機・自己ＰＲがいかに無意味か、よくわかっている。ところが、社長や経営幹部が、学生の志望動機・自己ＰＲを聞いて喜ぶ、というケースが結構あるのだ。社長や経営幹部が聞きたがるものを、部下がやめさせるわけにもいかない。そこで、残す企業もそれなりにあるという次第だ。ただし、こうした企業は減少傾向にあると見ていいだろう。

志望動機・自己ＰＲを聞きたがらない企業

志望動機に重きを置かなくなった企業は、何を学生に聞いているのか。それは、学生時代（あるいは高校以前）に何をやったのか、である。そこから学生個人の特性を見ようとしているのだ。

就活スラング（俗語）では「学生時代に力を入れたこと」を略して「ガクチカ」などとも呼ばれている。１９９０年代から２０００年代にかけて、選考書類で重きが置かれている記述箇所は、志望動機と自己ＰＲが主流だった。それが、２０１０年代に入ってから、「ガクチカ」が主流となりつつある。

企業によっては、志望動機・自己ＰＲで埋め尽くされるのを敬遠して、エントリーシートを提出させないところもあるほどだ。なぜ、志望動機・自己ＰＲは軽視されるようになったのか。

それは、企業側がうんざりしているからだ。志望動機については前述の通り、エントリーシートを書くためにデッチあげたようなものが大半だということはわかりきっている。そのうえ、志望動機や自己ＰＲは対策しようと思えば、いくらでも対策できてしまうのだ。実際、書き方を指導するマニュアル本は大型書店に行けば１コーナー作れるほど刊行されている。ネットでも、書き方を指南するサイトがいくらでもある。

ということは、違う経験、違う個性の学生だったとしても、ほぼ同じ内容を書いてしまう可能性がきわめて高い。

これは、企業からすれば困った問題である。

本来なら採用したいと思える学生が、エントリーシートを読む限りでは魅力的とは到底思えないからだ。

だから、志望動機・自己ＰＲをエントリーシートから外し、企業によっては面接で聞くことも特にしないところが出てきた。代わりに「ガクチカ」を重視するようになった、というのがこのところの流れである。

4　「普通」は意外と武器になる

「ガクチカ」に自己ＰＲを入れる問題点

と言って、「ガクチカ」を企業側が重視してもそれほど事態は変わっていない。

学生がサイト（もちろん、過去の成功例でしかない）や就活マニュアル本、あるいは大学での指導を受けてか、「ガクチカ」にもことごとく、自己PRを入れようとする。

学生生活と言えば、大学での勉強か、サークル活動、アルバイト、旅行といったところだろう。学生によっては、留学・海外研修か、ボランティアなどもある。

定番ネタであるアルバイトだと、

「私は××という飲食店でアルバイトをしていました。〜(以下、経験談)〜。この飲食店でのアルバイトを通して、同僚ときちんとコミュニケーションをとること、それとお客様の気持ちに寄り添うことが大切と感じました。この思いを貴社でも生かしたいと思います」

エントリーシートに書くのは一般的には一問につき200字前後、多くても300字程度である。

それが、右の例だと、「この飲食店でのアルバイトを通して〜」という自己PR的な内容が約80字も入っている。これが学生によっては、自己PR的内容が100字、150字を占めることもある。

はっきり言って、誰でも書ける内容であり、こういうものばかり読まされると、企業側がうんざりするのもよくわかる。大した経験をしていないから、自己PR的な内容を入れてごまかそうとしているのではと勘ぐるだろうし、そうなると結構な確率で落とされるのも無理はない。

では、「ガクチカ」に自己PR的な内容を混ぜてしまう学生は、本当に大したことをやっていないのだろうか。

著者が、過去、各大学や就職イベント等にて学生を取材、あるいは学生から依頼されてエントリーシートの添削をした限りでは、全くそんなことはなかった。

「えー、でも普通ですよ、私のアルバイトは」

と、話す学生をなだめすかしながら、5分近く話をさせてみると、何らかのネタが出てくるのだ。

2016年3月から5月にかけて、取材・添削した学生、3人の例をご紹介しよう。

学生P「いや、普通の中華料理店なんですけど。5店舗はあるかな、というチェーンで知名度も低いし……。厨房は中国人留学生ばかりで日本語があまり通じないので、そこが大変なんですけど」

学生Q「よくある喫茶店チェーンなんです。まあ、コーヒーの種類がなぜか30種類くらいあって、その説明が大変でした。今は全部、飲み比べて説明できるようにしていますけど」

学生Ｒ「ごくごく普通の定食屋ですよ。野球場が近いので、イベントや試合があるときは店頭販売でお弁当をたくさん用意します。その準備とか呼び込みとか、それはちょっと大変でした」

いずれもサービス業のアルバイトであり、彼らは特にアピールできるようなものではないと考えているようだ。３人とも最初は「普通だ」「よくある」と言っていたが、よくよく聞くと、それぞれに違いがあり、興味を惹く点もあるのだ。Ｐ君は中国人留学生アルバイトとのコミュニケーション、Ｑ君はコーヒーの種類説明、Ｒ君はイベント時の準備・販売が「持ちネタ」となりうる。聞く側からすれば、それぞれ、何が大変だったか、どうしたのか、など聞いてみたいことはいくらでもある。

それを素直に書いた方がいい、と伝えると、学生は不思議そうな顔をする。

「え？　それでいいんですか？」

しかし、「接客を通じて、人と人とが触れ合うことの大切さを知りました」といった類のありきたりな自己ＰＲ的な内容よりも、具体的な経験、エピソードを書いたほうがはるかにマシだ。

「『ここが大変だった～こう克服した～こういう力が身に付いた』みたいなストーリー仕立てにした方がいいと聞いたのですが、どうなんでしょうか」

と、聞いてくる学生もいる。そう書いても悪くはない。文章の構成としてもきれいである。

ただ、エントリーシートや履歴書はあくまでも選考のための手段である。文章作成能力の有無は大きく影響するが、作文・小論文とは大きく異なる。

企業側が知りたいのは、学生本人の人間性である。で、あれば、文章の構成としてはややおかしくても、「～というアルバイトだった。～という事実があり、～ということをしてきた」など、学生本人しかわかっていない内容を、第三者にもわかりやすく書いて、事実関係だけで終わらせてもいい。

テーマが、アルバイトでなく、大学の勉強でもサークルでもなんでも同じである。

「普通」を恥じる学生、欲しがる企業

多くの学生は、スポーツ大会で優勝した等、何か特異な、それも誰からもすごい、と言われるような実績がないと企業にアピールできない、と思い込んでいるようだ。

もっと言えば、普通であることを恥じている傾向すらある。ところが、企業は、普通の学生こそ欲しいのだ。

一部の論客は、就活を勝ち抜くためには資格がどうの、英語力がどうの、ハイスペックがどうの、と説く。そうしたものを求める企業があることは否定しない。が、一方で、普通の学生を受け入れる企業があることもまた事実である。

ここで、「普通」をめぐって、学生どころか、社会人も相当誤解している節があるので、丁寧に解説していきたい。

学生の相当数と一部の論客や社会人は、「大企業に採用される学生＝すごい学生＝わかりやすい実績のある学生」と思い込んでいる。

ところが、企業は「普通の学生」で十分と考えている。もちろん、「普通」の基準は企業によって異なるだろう。企業によっては、結果的には、すごい学生が「普通」ということもあり得る。心なしか、大企業ほど、多い。

たとえば、新聞社なら、志望学生はともかく内定者は新聞を最低1紙は読んでいる。2紙、3紙読んでいてもおかしくはない。総務省「平成27年　情報通信メディアの利用時間と情報行動に関する調査」によれば、新聞は10代2・9％、20代10・3％しか読まれていない（30代19・3％、40代34・2％、50代48・8％、60代62・0％）。

多くの学生からすれば、新聞は読んでいないのが「普通」だが、新聞社やマスコミ志望なら、読んでいることが「普通」である。

この「普通」の解釈の違いは他の業界、企業も同様である。

だが、そのすごい学生にしても、実績だけを評価されて採用されたわけではない。実績だけでいえば、はるかに優れた学生がいる中、選ばれたのは、彼・彼女の凡庸さ、つまり「普通」な面を評価されているということが多いのだ。

図5はリクルート調べによるものである。数値は違うが、毎年、それほど順位が入れ替わることはない。学生がアピールしたいと考えている項目は、いわゆる「実績」が多い。が、企業は、そんなものに重きを置いていないことがよくわかるだろう。重視しているのは、意外と「普通」の能力や特性なのだ。

この乖離を理解していない学生は毎年のように出てくる。そこに加えて、第2章、第3章で書いたような状況があるため、

「大学名重視から人間性重視に変わりつつある、ということは、体育会系とか、すごい学生が評価されて、私のような『普通の学生』が評価されないのですね」

と、落ち込んでしまいかねない。結果として、自らの経験の中でアピールできる点、面接で話が盛り上がりそうなネタを封印して、よく出来た、しかし陳腐な「サクセストーリーもどき」「自己啓発本もどき」の文章を書いてしまうのだ。しかし、採用側がそんなものに心を動かされないのは繰り返し述べてきた通りである。

定番ネタの是非

学生の「普通は駄目」という思い込みを強化する要因の一つが「定番ネタはうんざり」という意見を言う人が就活の関係者に多いことだろう。定番ネタ、とは、大学の勉強(研究室、ゼミなど)、サークル、アルバイトのことである。この定番ネタを、書類や面接で使うかどうかについては意見が分かれるところだ。

否定論者には、採用担当者や大学キャリアセンター職員もいるため、一定の説得力・影響力を持っている。

私は「使ってもいい」と考える肯定派だが、否定論者の話もよくわかる。前記のように、自己PRを混ぜてしまうと、どの学生でも言えるような似た内容になってしまう。だったら、定番ネタそのものもやめた方がいい、となっても不思議ではない。

図５　リクルート　企業と学生の意識の違い

項目	企業側順位	回答率(%)	学生側順位	回答率(%)
人柄	1	93.0	1	52.9
自社／その企業への熱意	2	79.0	3	30.3
今後の可能性	3	68.4	9	13.1
性格適性検査の結果	4	41.2	20	2.3
能力適性検査の結果	5	34.8	19	2.8
学部・学科／研究科	6	24.7	10	12.9
大学／大学院で身につけた専門性	7	23.5	7	15.6
アルバイト経験	8	22.0	2	40.7
大学／大学院での成績	9	19.3	13	8.3
大学／大学院名	10	17.1	8	14.4
語学力	11	15.4	15	5.8
大学入学以前の経験や活動	12	12.8	14	6.5
知識試験の結果	13	12.5	23	1.3
取得資格	14	11.9	11	11.0
所属クラブ・サークル	15	11.5	4	26.2
所属ゼミ・研究所	16	6.3	6	16.2
海外経験	17	6.1	17	5.3
趣味・特技	18	5.4	5	25.1
ボランティア経験	19	5.2	12	9.2
インターンシップ経験	20	4.5	16	5.7
パソコン経験・スキル	21	4.0	18	4.2
OB・OG・紹介者とのつながり	22	1.5	21	1.6
その他	23	2.4	22	1.4

ただ、学生が定番ネタを外すと話せる内容、書ける内容がほとんどないことも事実である。

しかも、現実には定番ネタで内定を得ている学生が大半だ。ではなぜ否定論者が一定数いるのだろうか。

例え話としては、ある女が夫や交際相手を次々と毒殺しては遺産を相続したとされている連続不審死事件のことを考えればわかりやすい。この被告は結婚相談所で交際相手を探す際の自己PRとして、「尽くすタイプ」などとアピールすることで交際相手を見つけていた。しかし、実際には尽くすどころか、相手を毒殺していたらしいことが現在、明らかになっている。

学生の定番ネタは、この女の自己PRと同じようなものである。

アルバイトでもサークルでも勉強でも何でも学生の話にうんざり、と話す採用担当者は、そんなものは不審死事件の被告の自己PRと大差ないと感じている。再婚相手に尽くす気などないのに「尽くすタイプ」、粘り強くもないのに「粘り強い性格」など、自己PRはいくらでもウソをつける。

そんなことは百も承知しているのに、「学生生活の話をしてほしい」と求めている箇所でも、自己ＰＲをされるからうんざりするのだ。

一方、定番ネタを肯定する採用担当者も、ウソは嫌いという点では同じだ。しかし、彼らは学生が、背伸びをせずにありのままの話をしてくれれば、そこから自社に合う合わないを判断できると考えている。だから「定番ネタでいい」と話すのである。

両者とも、とってつけたような自己ＰＲは少し割り引いて、あまり真剣に聞くつもりがない点は共通している。

もちろん、万人受けするアピール方法などは存在しない。真面目に勉強してきたことを「暗い」と評価する企業もあれば「真面目」と評価する企業もある。サークルでもアルバイトでも何でも同じだ。学生の方から「大したことない経験だ」と自己否定して切り捨てる必要はない、ということだ。

この例え話をもとに説明したところ、定番ネタ否定論の採用担当者からも、賛同を得たことが一再ならずある。そこで気をよくした私は、当時、連載していた某新聞の就活コラムでこの話を書こうとした。すると、

「いいお話なんですけどねえ。うちは新聞社なので、例えに殺人事件を使われるのはちょっと……。使われるなら、それは『週刊新潮』とか、『日刊ゲンダイ』あたりでどう

でしょうか?」

あえなくボツになってしまった。

5　セミナーを侮るなかれ

選考前のインターン・セミナーで企業が四苦八苦

２０１７年卒の採用日程が「3年生3月に広報解禁」「4年生6月に選考解禁」という、過去にない超短期決戦となった。これは２０１８年卒も同様である（２０１９年卒以降は未定）。

広報解禁とは説明会などの開催、就職情報ナビサイトの本オープンなどを意味する。広報解禁から選考解禁までわずか3か月しかなく、学生も企業も苦労をする。特に知名度の低い企業は学生に十分なアピールができず、採用予定者数が集まらない可能性もある。

そこで、企業の大半が、インターンシップを3年生夏から2月にかけて実施する。このインターンシップ、大半は開催期間が1日か2日。つまり、実質的には、短期セミナーとでも呼ぶ方が相応しい。経団連はインターンシップについて5日以上、と定めているが、特に罰則があるわけでもない。

名称をインターンシップではなく、セミナーと正直に名付けて開催する企業もある。

筆者個人としては、２０１０年ごろまでは、自称・インターンシップ（1日インターンなどとも呼ばれる）に否定的だった。本来のインターンシップ、すなわち「就業体験」とは全く異なるものだからだ。

しかし現在では、学生が企業や業界、働き方を理解するためには、広報解禁前の開催ないし参加もよいのではないか、と考え方を変えるようになった。というのも、学生の大半は、単に企業のブランドや規模、所在地など、狭い見方でしか企業選びができない。視野を広く持つためには、たとえ社会科見学レベルのものであっても、インターンやセミナーの参加も必要だろう、と考えるようになったからだ。これは筆者に限らず、大学教職員も実務担当者レベルでは大半が同意見である。

ただ、教員の一部（特に学長・学部長クラス）などからは異論も根強い。

「インターンシップというからには就業体験が当然」と、高いレベルのインターンシップを求める意見もあれば、逆に「就活による学業阻害は絶対にいけない」などといった意見もある。どこまでインターンやセミナーを認めるかについては、意見が分かれている。

さて、企業からすれば、広報解禁前にインターンやセミナーを開催する、といっても、普通の企業説明会では知名度の高い企業でない限り、学生はまず参加しない。そこで、色々と苦心することになる。

凍ったバナナで釘を打つセミナー

30年ほど前、「マイナス40度の世界では、バナナで釘が打てます」というエクソンモービル社のオイルのコマーシャルがあった。それと全く同じ体験を学生にさせるセミナーを開催しているのが、環境試験機器メーカー・エスペック（大阪市・202頁参照）である。

2016年1月、このセミナーを取材するため、同社の本社ビル1階ロビーに行ったところ、不思議な光景が広がっていた。

リクルートスーツを着た学生18人が3列に分かれて、テーブルに置かれたまな板に釘を打ち込む。しかも、釘を叩くのはトンカチではなく、凍ったバナナ。事情を知らない人が見れば異様な光景である。

学生の一人に感想を聞いたところ、

「普通に暮らしていたらできないような貴重な体験で、楽しかった。ただ、正直言えば『バナナめっちゃ冷たい。軍手とかほしい』と思った」

と答えていた。

この「凍ったバナナでの釘打ち体験」は、同社の冬の「１日インターンシップ」のプログラムの一つであり、２０１５年から行っている。仕掛け人は同社総務人事部人事グループの今城亨さん。

エスペックは、環境試験機器の分野で国内シェアは60％、世界シェアは30％であり、ともにトップシェアを誇る（付言すれば、東証１部上場企業）。

それでも、「ＢtoＢ（企業同士の取引が主体）企業であるため、学生たちの間では知名度は高くない」（今城さん）存在である。このエスペックの環境試験機器には、マイナス40度を再現する機械もある。今城さんが「凍ったバナナでの釘打ち体験」を思いついたきっかけは２０１４年、新潟の中学生たちが修学旅行の一環で会社見学に訪れることになった時のことだった。試したところ、大好評。そこで次に高校生の会社訪問の際にやったところ、こちらも好評。

そこで、企業理解を深めるためにも、と、インターンシップにも導入したところ、またしても好評だった。

今城さんはインターンシップへの導入について、こう話す。

「日本や世界のモノづくりをわが社が支えているという自負はあります。ただ、そう話してもなかなか理解してもらえません。『凍ったバナナ』は弊社を理解してもらうきっかけになればいいのです」

インターン、セミナーで学生の視野が広がる

企業を知ってもらうために、切り口を変えているのはエスペックだけではない。

広報解禁前のインターンやセミナーであれば、単なる企業説明会を開催しても、なかなか学生は出席してくれない。学生の方は、企業単独ではなく、業界全体の知識を得る、あるいは、営業など特定の職種、就活全般などを広く知るきっかけにしたい、と考えている。

また、解禁前に企業説明会を行なうと、「広報解禁前に企業説明会を開催するのは社

会規範を無視している」との批判が出かねないという懸念が企業側にはある。

そこで、学生の実益と企業側の防衛論理が働いて、業界研究や営業などの職種研究、あるいは就活支援型セミナーなどが増加している。

企業からすれば、手間はかかる。だが、早期に動く学生は、結論からいえば、就活への意識が高いばかりではなく、大学の勉強もきちんとしている学生が多い。「学業を優先しているのなら、就活は後回しになるだろう」と考える人もいるかもしれないが、筆者はそれは実態とは異なると見ている。要するに、自己管理能力の高い学生は、学業にせよ、就活にせよ、積極的に前のめりに動いているものなのだ。

こうした学生ならば企業が手間をかけても採用しようとするのは自然な話だろう。

6　綺麗な縁の切り方とは

別れ話に悪口は禁物

仕事でも恋愛でも、出会いがあれば、別れがある。

今までうまくいっていた関係も、様々な理由でこじれてしまい、別れてしまうことがある。

別れた後、どんな対応をするか、そこに結構、人間性が見えてくる。別れた直後は、頭に血が上っているようなもの。自分は悪くない、と誰でも自己弁護しがちだ。問題はこの自己弁護の手段。単に自分一人で抱えているか、せいぜい、親しい友人などに愚痴る程度ならまだいいだろう。

が、その愚痴も1か月、2か月と続き、1年たってもまだ引きずる、SNSにも悪口を書かないと気が済まない……となると、これは相当な重症であろう。

中には、別れるともう人生は終わりとばかり、ストーカーやストーカー殺人にまでいってしまう事件も起きている。

いくら愚痴や悪口を言っても、過去の関係が戻るわけではない。

それどころか、「別れ話をいつまでも引っ張るなんて」と周囲にはあきれられる。

別れ話が出たら、それはそういうものだ、と受け止めて、必要以上に騒がないこと。それが一番だ。

なぜこんな話を延々と書いているか、それは筆者が恋人と別れたから、ではない（まあ、本書刊行の1年前に別れてしまったという事実はある）。

就活で意中の企業にフラれた時の学生の話をしたいからだ。学生は、この企業で働きたい、という思いから選考に参加する。当然ながら、次の選考に進む学生もいれば、そうでない学生もいる。選考に落ちた学生は、その企業に対してよい感情は持たない。最近は、ＳＮＳで盛大に悪口を書く学生もいる。

筆者が取材した学生でも、そういうタイプが何人かいたのだが、心なしか、全員、就活では相当苦戦していたように見える。

恋愛と同様、駄目だとわかったら「縁がなかったんだな」と割り切って、次へ向かう。相手のことを悪く言わない。そういう気構えのほうが、就活も上手くいくようだ。

これは、リクルーターとの関係も同様である。２０１７年卒を対象とした採用活動では、リクルーター制度を採り入れる企業が増えた。

第3章でも触れたが、リクルーター制度とは、その企業の社員（大体は若手社員）が、出身大学の後輩学生と喫茶店などで面談を繰り返す、というものだ。中盤ないし終盤は役員・部長クラスが面接をしたうえで内定を出すかどうかを決めていく。

企業からすれば、学生と何度も会うことで人間性・適性などを見極めることができる。学生としても、社会人と何度も話すことができるので、社風や働き方などを知る、良いきっかけになる。

このリクルーターとやり取りしていた、ある大阪大生の話。

「A社のリクルーターと意気投合して、会わないときでもずっとSNSでやり取りしていました。それが2週間前から一切、返信が来なくなって……。A社にどうしても、入社したいのですが、何かいい方法はないですか」

残念ながら、いい方法は存在しない。リクルーターは社命だからこそ、学生とコミュニケーションを取っている。学生によっては、そのコミュニケーションを「親身」「意気投合した」ととらえても不思議ではない。

ところが、リクルーターは、あくまでも仕事として動いている。面談した学生がその社に合わないと判断すれば、次に面談することはない。

「それはもう、恋愛で言うところの『自然消滅』。直接会っても、そのリクルーターは『ごめん』と言うだけ。あきらめるしかないよ」

そう伝えると、それはそれは落ち込んでしまった。

内定辞退メールの非常識

学生の中には、企業に対して、内定辞退をする企業に、「逆お祈りメール」を送る者もいる。「お祈りメール」とは、選考落選を知らせるメールで、「～様の今後のご健闘をお祈り申し上げます」と末尾にあることからついた就活スラングだ。

どういうわけか、内定を受けた企業に対して、内定辞退を送る際、お祈りメールをそのままコピー＆ペースト（コピペ）。固有名詞の部分だけ変えて「～社様の今後のご健闘をお祈り申し上げます」。選考に落ちた企業に対して、ではなく、内定を出してくれたのに、自分から辞退する企業に対して送るわけだ。

学生からすれば、さんざん苦労させられた「就活」というものに対する意趣返しのような気持ちがあるのかもしれない。しかし、百歩譲ってみても、恨むべきは（本当は恨むのもお門違いだが）自分を落とした企業であって、内定を出してくれた企業ではないはず。学生に断られたうえに、こんなメールまで送られた企業にとっては、嫌がらせ以外の何ものでもないだろう。筋違い、というか失礼もいいところだ。

このメールをもらった採用担当者は、こうこぼしていた。

「そんな程度の別れ方しかできない学生に内定を出したか、と思うと、かえってよかった。いや、よくない。自分の人を見る眼のなさに落ち込んだ」

一方、企業が学生と別れる、すなわち、選考対象から外すときは、できるだけ、きれいな「別れ方」を心がける。

その学生と今後、消費者や取引先として接する可能性もあるからだ。企業によっては、落ちた学生に対しても、選考結果をフィードバックするところもある。

落ちた学生に焼肉をおごる

きれいな別れ方、といえば、先日、知人の採用コンサルタント・柳本周介さんが、神戸の米穀販売業、いづよねのエピソードを紹介してくれた。

同社の川崎恭雄社長は、選考後、落ちた学生10人を焼肉に招待して一緒に食べたそうだ。

「わざわざ、選考を受けてくれた学生に不採用通知一枚を送るだけでいいのか。僕の話を聞いてくれた学生に」

という思いから、焼肉ご招待につながった、とのこと。

短期的に見れば、これは単にコストをかけているだけで、いわばムダ金だ。付言すれば、同社は別に焼肉屋を運営しているわけでもない。

だが、焼肉ご招待の是非はさておき、別れても、その相手を思う気持ちを持つ、というのは企業であれ、学生であれ、大事なことではないだろうか。

内定が出る出ない、というのは学生にとって一大事である。だが、所詮は運命によって紙一重のところでいくらでも変わる。

そして、縁がなかったとしても、そこで人生が終わるわけではない。また別の縁があり、別の人生が始まっていく。それだけのことだ。

では、学生が運命の企業をどのように選んでいるのか、そして企業側はどんな戦略を立てているのか、最後の章では企業を軸にしてみていきたい。

第5章　ブラック企業と優良企業のあいだ

1　ブラック企業の見分け方

学生からの難問

「そんなものは知らない、人にもよるしなあ」

こう話して学生からは失望されている。

「(期待していた回答はこれじゃない)」

そう思われている、と分かっていても、なお、いつもこう答えている。何の質問か、と言えば、ブラック企業についてだ。

「どんな企業がブラック企業ですか」

「見分け方を教えてください」

確かに気になるところだろう。

この質問に対して、回答を持ち合わせていないわけではない。ただ、それを一部分だけ話すと誤解されかねない。全部話せば、「話が長い」と思われる（筆者には珍しくないことだ！）。

だから、「人による」とざっくりとした答えを口にするのだが、

「これじゃない」

とがっかりされてしまう。八方ふさがりとはこのことだ。

このブラック企業の問題は企業選びにも強く影響している。この章では、まずブラック企業の是非という観点から就活における企業研究・企業選びについて見ていきたい。

求人広告、説明会などでウソがある

ブラック企業とは2000年代後半から定着した用語で、もとはネットでよく使われるスラングだった。なお、異説として、広告業界用語だったともいわれている。

「残業時間が長い」、「労働法規を無視している」、「過労死事件などが絶えない」、「社会

規範に反する」、「恒常的に法令違反をおかしている」などがブラック企業の要件とされている。

このうち法令違反については、「ブラック企業の見分け方〜大学生向けガイド」（ブラック企業対策プロジェクト・編）がよくまとまっている。上西充子（法政大教授）、今野晴貴（NPO法人POSSE代表）、常見陽平（千葉商科大専任講師）の3人が執筆を担当、現在もネットで公開されている。

同ガイドにも書かれているが、求人広告や会社説明会の内容が曖昧であったり、異様に高い給料を謳っている企業は、きわめて怪しい。私が遭遇した例を2社、挙げよう。

1社は2013年ごろだったと思うが、学生から相談を受けて調べたのは、とある着物の小売業だった。募集要項には「着物販売サイトのプランナー募集」とあるが、具体的な仕事は見えてこない。サイトにはやたらと情熱だの根性だの、曖昧な話しか出ていなかった。

その学生には、やめた方がいい旨、伝えたが結果として入社。しかし半年後には退社していた。その後、就活を再開した彼女が、この会社のからくりを説明してくれた。「着物販売サイトのプランナー」で内定を出し、その気になっていると、こう持ちかけられたという。

「販売サイトを構築するためには着物販売を体験してもらわないとならない。そこで着物販売の販売員として働いてもらう。ノルマを達成できたあとにサイトを作る仕事に回ってほしい」

何のことはない、「サイトのプランナー」とやらは看板だけで、実態は単なる販売員の募集である。しかも、どう考えても達成不可能なノルマを課されたため、この学生を含め、新入社員（確か10人と聞いた）は全員、半年以内に退職したという。

研修中だった、との理由で退職金はゼロ。残業時間を含めれば、時給換算では「フリーターの方がまだましだった」（本人談）とのことだ。

もう1社は、2016年3月、著者が某大都市圏の合同企業説明会を取材している際に見つけた企業である。この説明会で、他よりもにぎわっているブースがあった。大企業でもなく、聞いたことのない企業名である。

不動産業とのことで、遠巻きに見学していると、ブースのいたるところに、高年収が可能と謳っており、アピールする採用担当者も、高年収であることを強調していた。

同社サイトを見ると、「入社1年目から年収1000万円も可能」「女性一般職も入社

3年目で年収800万円に」などと景気のいい文言が並んでいた。

本当ならばすごい企業だ。2015年の、会社員の平均年収は420万円（民間給与実態統計調査）。それが新入社員で年収1000万円というのは、まずありえない。まして、総合職よりも待遇が落ちる一般職で年収800万円というのは大手総合商社のベテランクラスでもない限り、まず存在しない。

一体、何をどうやれば、年収800万円に到達するのか、官能小説家の才があれば、この怪しい企業を舞台に、ちょっとした作品が数本は書けそうである。そのような才のない筆者としては、「この企業は怪しいから近寄らないように」と学生に言って回るわけにもいかず、立ち尽くすのみだった。

企業の大半は白黒つかない

このような、あからさまな企業であれば、ブラック企業と判断することは筆者や学生、一般社会人にも可能である。が、世の中の大半の企業はブラック企業ではない代わりに、その対義語であるホワイト企業、とも言い切れない。だから、「ホワイト企業、優良企業はどこか？」と聞かれても、回答に窮するのだ。そこで、「ホワイトと感じるかどうかは人によるし、会社にもよる」と回答すると失望される。

「では、今後、成長しそうな企業はどこだと思うか？」

と、食い下がる学生もいる。しかし、それがわかれば、こんな駄文などつらつら書いていない。その企業の株を買って利益を出すか、株式評論家として売り出している。残念ながら、元金も才覚もないため、現在に至っている。

特に、成長企業イコール優良企業とも言い切れない。一時期は絶好調であり、その後、ブラック企業批判を集めて現在は低迷している企業にワタミが挙げられる。現在の大学生にワタミが一時期、マスコミから成長企業として絶賛されていたことを説明すると、それはそれは驚かれる。まあ、絶賛されていたあたりから過重な労働、過労死が問題にもなっていたのだが。

「マスコミで成長企業として絶賛されているものの、一方では過労死も問題になりつつあった時点で就活をしていたとしたら、ワタミを選んだ？」

そう学生に聞くと、ほぼ全員が、NOと答える。成長企業と優良企業は違う、ということがわかっているということだろうか。

しかし、2000年代から2010年代前半までは、学生からもある程度（年によっては相当な)、支持を集め、採用も活発に行われていたのである。当時、ワタミを選んだ学生の真意は不明だが、その相当数は成長企業であることに魅力を感じていたのは間違いない。

ワタミは成長が仇になった

ワタミについては、興味深い指摘がある。採用コンサルタントやキャリアセンター職員などから、同様の指摘をする人が複数いたのだ。

「ワタミは大きくなりすぎた。仮に従業員数300人程度の規模のままなら、ブラック企業批判が出ることもなかっただろう」

500人程度の規模のままなら、と言う人もいたが、言わんとするところは同じである。これに対して、「知名度が高くなりすぎたということでしょうか」と聞いたところ、やはり同じ回答が返ってきた。

「知名度が高いから批判されやすかったこともある。が、一番大きいのは企業規模だ。中小規模なら、入社する前から企業理念やオーナーの情熱を理解できる。そのうえで入社するから、いくら残業や徹夜が続いても本人は気にもしない。それに、先行者利益でその分のリターン（ポストの昇進、昇給、株式配分など）もある」

なるほど、確かにその通りだ。

「ところが従業員数が１０００人を超え、２０００人を超えてくると、もう企業理念や情熱は共有されない。仮に企業理念は共有されたとしても、小規模だった時期に比べればリターンは大きくない。それで情熱を共有しろ、残業や徹夜は当然だ、とオーナーや古参幹部が言っても無理がある。企業規模がある程度、大きくなった後に入社した社員からすれば、普通の働き方を優先させて当然だ。それをワタミの創業者や古参幹部は理解していなかった。だから問題になった」

この企業理念・情熱を共有できる規模が３００人か、５００人か、それとも１０００人なのか、という議論はあるだろう。だが、その数はともかくとしても、一定規模を超えると企業理念・情熱が共有されなくなるという指摘、言い換えれば「理念・情熱共有限界説」は、その通りだと考える。

なお、このワタミと同様のことは採用・キャリア関連のベンチャー企業やＮＧＯなどでもそれなりに起こり得ることであるし、実際に起こっている。創業者、創設者が熱い思いや理念を持って立ち上げ、それについてくる社員やメンバーが集まり、遮二無二働く。そして、あるタイミングで付いていけない社員・アルバイトが出てくる。創業者が自覚していればいいのだが、残念ながら理解していない創業者が実に多い。

2　ワタミとキリンビールの違い

「5時で終わり」が天国か地獄か

この話を学生にすると、わかる学生はわかってくれる。一方、わからない学生は、

「え？　じゃあ、成長企業はやめた方がいいってことですか？」

と聞いてくる。

「いや、だから最後は自分次第というのを理解してよ、というか、しろ」

そう言いたいのを我慢して、さらに話を続ける。その際に考える材料として著者が例に出すのが、大分県とキリンビールの話である。

2013年、大分県は「おんせん県おおいた」という地域PRの連作CMを製作した。その中で、「地獄か天国か？篇 in 血の池地獄」がある。案内するのは、「地獄の従業員」の女性。おそらく、周辺の土産物屋か飲食店で働いているのであろう。

「ここが血の池地獄。他にも、海地獄、龍巻地獄とありますが、まあ、５時で終わりますけん、天国みたいな職場ですけどね」

と話す。

「えっ⁉（天国と地獄）どっちなん⁉」のテロップがオチとなる。よくできた面白いＣＭだ。

が、この血の池地獄の土産物屋・飲食店を本当に職場として考えた場合にはどうだろうか。もちろん、５時で仕事が終わるから望ましい、とする人もいるだろう。が、逆に、「え？　５時で終わりということはそんなに仕事が多くなさそうですよね。つまり、給料も安そうだし、なかなか上がりそうもない。そんな仕事は嫌です」

と考える人もいるだろう。さて、血の池地獄を優良企業と考えるべきかどうか。

この「血の池地獄」とほぼ逆のベクトルを向いた職場で、近年話題になったのが、キリンビールである。『キリンビール高知支店の奇跡　勝利の法則は現場で拾え！』（講談社＋α新書、２０１６年）の著者は、同社高知支店長・四国地区本部長・代表取締役副社長などを務めた田村潤である。

田村は、営業成績が悪かった高知支店でトップシェアを取り戻す。その逆転劇をまとめたサクセス・ストーリーは、20万部を超えるベストセラーとなった。

細かい内容は同書に譲るとする。働き方という視点で観察すると、くり返しになるが、先ほどの大分・血の池地獄とは真逆のベクトルである。著者・田村とキリンビールには不本意かもしれないが、ベクトルとしてはワタミの方がより近い。


「『なんで負け続けているのか』とヒアリングを行いました。（中略）高知は宴会が多くて、赴任した瞬間からありとあらゆる宴会に引っ張り出されました。数えてみると年間270回以上も宴会に出ていました。（中略）おかげで糖尿病、高血圧、痛風になりましたが、高知の人が何をどう好むのか、何がきっかけでブランドスイッチが起きるのか、飲酒量に比例して（笑）わかったような気がしてきました」

「（筆者注・目標未到達だった年に支店員に対して）極端なことを言うようだが、目標数を達成していないのなら家に帰ることは許さない！」

「（筆者注・四国地区本部長に転任後、徳島でコンビニのオーナーに営業をかけるとき）当時、オーナーはアルバイトを確保しにくい夜の時間帯をカバーしていることが多く、夜中に出てくる店も少なくありませんでした。

そこで徳島支店は全員で、オーナーが出てくる夜の12時から明け方の4時までコンビニを回りだしました」

年間270回以上もの宴会。ノルマを到達しなければ帰宅できない。深夜から明け方の営業活動。田村本人だけでなく、社員にとっても負担が重いことは明らかである。

ワタミとキリンビールを分かつもの

田村が高知支店長として赴任したのが1995年。2001年に四国地区本部長、2004年に東海地区本部長、2007年に代表取締役副社長兼営業本部長となり、2011年に退職する。田村が高知支店長に赴任してから、副社長として退任するまでの期間は、ワタミは外食産業の寵児として注目され、もてはやされ、そして、過労死事件など労働トラブルが多発するようになった時期と重なる。

『キリンビール高知支店〜』で描かれる働き方は、血の池地獄とは真逆でむしろワタミに近いのではないか、と先ほど指摘した。

では、キリンビールはブラック企業か、と言えばそんなことはない。実際、ワタミで労働裁判が2000年代半ば以降、多発したのに比べてキリンビール高知支店を舞台にしたその種の話は全くと言っていいほど聞かない。

これは高知支店など田村の赴任先において、理念がきちんと共有されていたからである。まずは少人数の支店で理念が共有され、最後はキリンビール全社が「打倒アサヒビール」という目標のもと、一丸となった。

理念が共有されれば仕事は面白くなり、しかも成果が上がる。さらにキリンビールの場合、単に過酷な労働を強いていたというわけではない。

たとえば、前記の徳島支店での深夜から早朝にかけてのコンビニへの営業にしても、単に社員に無茶をやらせていたわけではない。知恵があるのだ。日中は店に出ていないオーナー（言うまでもなく、商品仕入れの権限がある）に営業をかけるには、オーナーがいる時間、すなわち、深夜に営業をかけるしかない。だが、日中に働いて、深夜も営業をするのは、どう考えても無理がある。さて、キリンビールはどうしたか。

「深夜の訪問を受けたオーナーも、深夜にやってくる営業は初めてですから、話を聞いてくれました。わたしは報告を受け、深夜労働は法的に問題ではないのかと話したところ、リーダーは、

『一度顔見知りになっておくと、今度新商品が出ますから、６フェイスください（筆者注・陳列面を６列ください、の意）、とメモを残しておけば、店側がキリンの意向通りの陳列にしてくれます。真夜中の労働は続けなくてすみます』

と言っていましたが、その通りでした」

深夜労働が継続するのではなく、１回ないし数回の営業で売り上げを大きく伸ばす。これを知恵と呼ばずして何と呼ぼう？

理念が共有できていたとしても、体力には限度というものがある。無理な残業が恒常的に続いていればそれは過労になり、過労が元の自殺にもつながりかねない。２０１６年秋に大きな話題となった電通過労死事件などはその最たる例である。

大企業であれ、中小企業・ベンチャーであれ、この知恵があるかどうか。そこがブラックかどうかを分かつのではないだろうか。

3　公開情報で見抜くブラック度

大企業でも見ておきたい借金とその比率

ブラック企業という際に、学生によっては、倒産寸前の企業を含めて考えている者もいる。ここまでの「働き方」と比べると、こちらのほうが判別はしやすいかもしれない。というのも、一応、指標があるからだ。借金をどの程度していて、その企業にどの程度の資産があるかを見れば、ある程度、倒産の危機があるかどうかはわかる。

借金をすれば利子が付く。当たり前だ。利子付きの借金が多いようであれば、企業経営としては不健全であり、倒産のシグナルが灯っている、とも言える。

経営コンサルタント・小宮一慶の『プレジデントオンライン』２００９年12月17日記事「倒産に至る道：ＪＡＬとダイエーの共通点」では、財務状況を示す数値として、自己資本比率、流動比率、当座比率を挙げている。

「純資産の合計を、資産で割った数字を自己資本比率といいます。資産を賄っている資金のうち、返済する必要のない資金の比率のことで、会社の中長期的な安全性を表す代表的な指標です。(日本航空は) ２００8年3月末には、22・2％あったこの数字が、２

００９年3月末には11・２％と、ほぼ半減しています。私の経験上では、製造業など固定資産を多く使う企業では20％、商社など流動資産を多く使う企業は15％が最低ラインです。どんな業種でも10％を切ると危ない。この数字がマイナスになると債務超過に陥るわけです」

「企業が倒産するのは、流動負債（１年以内に返済する義務がある負債）を返済できなくなる場合が最も多いのです。流動資産（現金や預金、売掛金、棚卸資産＝在庫など）を流動負債で割った数字が流動比率で、一般的には１２０％以上が望ましいといわれています」

「当座比率は流動比率同様、企業の短期的な安全性を見る指標です。流動資産のなかでもとくに現金化しやすい当座資産（現預金、売掛金、有価証券）を当座負債で割って計算します。一般的には90％以上が安全とされます」

同記事で、比較材料の優良企業として挙げているのが、トヨタと花王である。そこで、同記事に出ている数値、それから、東京商工リサーチの「倒産企業の財務データ分析」（２０１１年、２０１６年）を元に筆者が作成したのが次頁の図６である。小宮が挙げた指標のうち、自己資本比率はYahoo!ファイナンスほか、ネットで探せば簡単にわかる。

　一方、流動比率と当座比率は、貸借対照表から計算しなければならない。しかし、こちらもネットで探せば、解説記事や計算サイトが出ているので、そちらを参照してほしい。

　さて、小宮の指摘する通り、日本航空の自己資本比率は経営破綻前、かなり低い。２００８年度には22・２％だったが、２００９年度には11・２％とほぼ半減してしまう。

　２００９年度には花王が53・０％。トヨタは34・６％あった。それを考えれば、低空飛行だった、と言わざるを得ない。

　他の指標も押しなべてよくない。流動比率、当座比率もそれぞれ落としていた。それでも、２００９年の就職人気ランキングでは文系で5位にランクインしている（マイナビ調べ）。

　経済指標だけでなく、日本航空については、ネガティブなニュースが散々流れていたにもかかわらず、当時の学生の多くは破綻の足音に気づいていなかったということになる。

図６　企業財務状況の指標の変化

	2008年度			2009年度			2015年度		
	自己資本比率	流動比率	当座比率	自己資本比率	流動比率	当座比率	自己資本比率	流動比率	当座比率
トヨタ	36.6	101.2	36.4	34.6	106.7	41.3	67.4	173.9	112.7
花王	48.7	134.4	80.4	53.0	149.2	86.3	52.7	194.2	129.7
日本航空	22.2	122.5	91.0	11.2	74.9	52.5	53.4	170.7	148.8
小宮・安全ライン	10.0~15.0	120.0	90.0	10.0~15.0	120.0	90.0	10.0~15.0	120.0	90.0
倒産企業平均	―	―	―	―	―	―	-5.6	―	49.3
生存企業平均	―	―	―	―	―	―	38.8	―	78.9

無借金経営イコールいい企業ではない

ここまで読んで、「借金が少ないほうがいいんですね」と早とちりする学生もいるかもしれないので、少し補足しておく。借金は無いに越したことはない、というのが一般的な常識ではあるが、企業が設備投資のために借金をするのは当然のことだ。

もちろん、無借金経営を売りとする企業も存在している。確かに経営が堅実であり、倒産リスクは低い。が、無借金経営、ないし、借金が少なければいいか、と言えばそうとも言い切れないのだ。

「無借金経営と言えば聞こえはいいのですけどねえ」

と、懐疑的に話すのは、大阪の食品メーカーで採用を担当している大川始さん。前職が就職情報会社であり、業務外で出身校の香川大や関西圏の大学生への就職支援にもかかわっている。独自の企業研究を続けてきた経験から、無借金経営について「個人的な偏見かもしれませんが」と断りながらこう話す。

「無借金経営の企業は堅実な経営をしています。だから、倒産リスクは低いでしょう。ただし、借金をするリスクを取らない、ということは、それだけ保守的で腰が重い、とも言えます。倒産するリスクが低い代わりに、利益を拡大する機会を失っている、それにすら気づいていないかもしれません。だから、無借金経営の企業がすべて善で、学生にとっていい企業、とは言い切れないはずです」

つまり、無借金企業の場合、当面は倒産の危機はないかもしれないが、市場が激変した場合などに対応できないリスクを負っている可能性はあるのだ。

公開年収が高い企業がいい企業か

お金と言えば、学生が気になるのは初任給や平均年収である。

「目先の金に目がくらむなんて、いまどきの若い者は」と思う方もいるかもしれないが、いつの世も金は関心の中心である。それは好景気の時代でも変わらない。

1980年代のサラリーマン漫画『なぜか笑介』（聖日出夫、小学館ビッグコミックス・全29巻）には、初任給がわずか200円高い、という理由だけでライバル社を選ぶ女子学生のエピソードが掲載されている（1987年刊行・11巻「リクルート2」）。

年収については、株式上場をしている企業であれば、平均額を公開している。Yahoo!

ファイナンスの企業情報を見れば、各社とも社員数などとともに平均年収についても知ることができる。非上場企業でも、同業他社のうち上場企業の平均年収を調べれば、おおよその見当はつくだろう。

ほかに、『就職四季報』で調べるか、あるいは有価証券報告書（「EDINET」という金融庁が運営する検索サイトで無料公開）や企業のＩＲページで確認するという方法もある。直接採用担当者に聞くのも手である。

ところで、Yahoo!ファイナンスに掲載の平均年収は有価証券報告書に記載されているものを転載しているが、これをそのまま鵜呑みにするのは危険である。

この平均年収、実はマジックがあるのだ。というのも、ホールディングスとなっている企業の方が高くなる可能性があるのだ。

ホールディングスだとグループの全社員の平均ではなく、少数の社員の平均を示している場合があることは知っておいた方がいいだろう。次頁の図7を見てほしい。たとえば、歴史ゲーム「信長の野望」などで有名なコーエーテクモホールディングス。コーエーがアミューズメント運営のテクモと経営統合し、ホールディングス企業となった会社だ。

図7　平均年収一覧

	連結企業の従業員数合計（人）	拠出会社の従業員数（人）	平均年齢（歳）	平均勤続年数（年）	平均年間給与（円）	注意書き
ガイアックス	342	93	31.9	4.7	5,120,000	基準外賃金を含めているが、ストック・オプションによる株式報酬費用は除いている。
コーエーテクモホールディングス	1,570	67	37.8	8.3	7,570,313	賞与及び基準外賃金を含む。
新日鉄住金	84,837	24,903	38.7	16.9	6,252,872	役職者を除いて算出しており、賞与及び基準外賃金を含む。
フジ・メディア・ホールディングス	7,865	38	44.3	13.7	14,303,000	従業員数は㈱フジテレビジョンから当社への出向者を含む。賞与及び基準外賃金を含む。
三菱重工	83,932	19,357	39.0	16.1	8,272,969	基準外賃金及び賞与を含み、その他の臨時給与を含まない。
ワタミ	3,518	1,778	38.3	6.95	4,335,000	基準外賃金及びインセンティブを含む。

そのため、連結企業を含めた従業員数は１５７０人もいる。が、有価証券報告書に出ている平均年収は７５７万円。算出人数はわずか67人しかいない。

一般にホールディングス企業の平均年収の算定には、平社員や年収が低くなる現場職は切り離されるため、その分だけ平均年収は高く見える傾向にある。

逆に、商社や金融等、業界を問わず、業界リーディング企業だと、あえて平均年収を低く見せている企業も相当数ある。そもそも有価証券報告書の平均年収は計算式などが指定されているわけではない。

これも、有価証券報告書の注意書きを読んでいくと、それぞれの前提条件が異なることがよくわかる。

低く見せる理由は、顧客・取引先を重視しているからだ。顧客・取引先が相手の平均年収を調べて、極端に高いことを知ったらどう思うか。

「なんでこいつら、こんなに給料が高いわけ？」

「高い給料をもらえるなら、うちの取引の分、まけてもらおうじゃないか」

「あの程度の仕事ぶりで、あの金額か。なんか腹立つ」

とりあえず、このくらいにしておくが顧客の心証を悪くすることは十分にあり得る。

そこで、あえて低くする企業は当然ながら存在する。

4　優良企業はたくさんある

人気商社が教えるセミナー

公開されている借金や年収の情報だけでは判別できない、となると、他にどんな調べ方があるだろうか。

ここで消費財、生産財、中間財という概念から考えるという視点を持つと、意外な優良企業が見つけやすい。この概念の説明を含めた業界研究セミナーを展開しているのが、機械部品を扱う専門商社の日伝（205頁参照）である。

大阪に本社を構える東証1部上場で、かつ全国展開をしている企業だ。ただ、関西圏以外での知名度は相当低い。

ところが、関西圏では、大学・キャリア関係者では知らない人はいない、というほど、知名度が高い。2015年、日本経済新聞社調査による就職希望企業ランキングにおいて、関西地区部門でトップとなったほどだ。

この就職希望企業ランキング、関西地区部門でも、関西電力やワコールなど名だたる有名企業がいつも上位にいる。それらを抑えて同社がトップになった、その原動力の一つが業界研究セミナーである。

同社では、この業界研究セミナーを2015年度は約30校60回（関西圏のみ）、実施した。主要大学ではほとんどの大学で開催している。

同社のセミナーでは、まずメーカーと商社の関係について説明する。

「メーカーは良い製品を作れば必ず自社が受注できるのが強みですが、方向転換が難しいのが弱みです。商社はその逆、方向転換は容易ですが、良い製品を扱っていても自社で受注できるかどうか明らかではありません」（楠慶哲・人事部長）

そこから、話は業界研究に向かうのだが、業界研究本によくある「機械」という業界はない、と切り捨てる。「食品」「化粧品」などと並ぶ業界として「機械」というカテゴリーがない？

「業界として、よく『食品』や『化粧品』『衣料』などが挙げられます。それぞれの業界では完成した製品を作るメーカー、売る商社（卸・流通）もあります。実際にはそれだけでなく、その製品を作るための機械を製作するメーカーもありますし、そのために部品を供給する商社だってあります。これら全てを『機械』業界と一括りにするのは乱暴すぎるでしょう」（楠部長）

ふむ、確かに。

「モノづくりの世界では、『消費財』『生産財』『中間財』という概念があります。『消費財』は完成された製品、食品だとペットボトルのお茶とか、パンなどですね。そのお茶やパンを作る機械が『生産財』。さらに、その機械を作るための部品が『中間財』です。

図８　消費財・生産財・中間財の概念紹介図

概念	一言でまとめると	業態	主な企業	ビジネス形態
消費財	商品	小売	ローソン、イオン、ヤマダ電機	BtoC
		卸売	三菱食品、日本アクセス、加藤産業	BtoB
		メーカー	サントリー、トヨタ、パナソニック	
生産財	機械	小売	トミタ、宇野、鳥羽洋行	
		卸売	山善、ユアサ商事、サンワテクノス	
		メーカー	ファナック、四国化工機、ディスコ	
中間財	部品	小売	スギモト、マシン三洋	
		卸売	日伝、トラスコ中山、立花エレテック	
		メーカー	三ツ星ベルト、椿本チエイン、日本精工	

この『消費財』『生産財』『中間財』という概念を『食品』『化粧品』『自動車』などの業界で考えていくと、一気に業界研究が進みます」（楠部長）

図８に示したように「ＢtoＢ」、「ＢtoＣ」といった分類はかなり一般的になってきた。前述の通り、「ＢtoＢ」は企業間の取引が主体の企業で、「ＢtoＣ」は「消費財」のうちの「商品」を扱う企業（小売・流通、例えばコンビニ・スーパー・家電量販店など）である。

どうしても学生は身近な「ＢtoＣ」企業に注目してしまう傾向があり、その範囲内で機械に関係している企業のみを「機械」業界と捉えることが多い。しかし、それでは業界全体を見ることにならない、ということが日伝のセミナーに出ると理解できるようになる。

同社のセミナーでは、普段身近ではない「生産財」「中間財」を作る企業にどのようなものがあるのかも紹介する。

さらに大学内で開催する場合は、そのうちのどの社が学内セミナーを開催するか、過去の採用実績があるかどうかも併せて紹介していく。

大学からすれば、学生に優良企業を勧める絶好の機会となる。ある大学では普段は閑古鳥が鳴く優良メーカーの学内説明会が、この日伝の業界研究セミナーのおかげで満席に変わったそうだ。

同社の業界研究セミナーでは、面白い光景が見られる。この企業リストを含め、同社では資料を学生に渡していない。同社は、あくまでもその企業に関する事実（データ）を示して紹介するだけで、しかも基本的には「お勧めの企業」を紹介しようという善意が前提にある。ところが、中には裏があるのでは、と誤解する企業もあるらしい。

そこで、余計なトラブルを避けるために、企業情報を印刷して配布まではしていないのだ。ただし、学生が携帯電話で撮影することまでは禁じていない。当然ながら、全部の企業名を書ききれない学生は、示された一覧を撮影する。大学によってはわざわざ撮影タイムを設けている。学生が一斉に携帯電話を掲げる様はなかなか壮観だ。

大手電機メーカーの凋落イコール日本経済の凋落ではない

この「消費財」「生産財」「中間財」という概念は、日本の経済を考えるうえでとても示唆に富んでいる。たとえば、この観点を持てば、家電メーカーなどが軒並み不振であっても、日本が大不況に陥らない理由が見えてくる。

三洋電機、シャープは言うまでもないが、一時期は日立製作所、パナソニック、富士通なども絶不調だった。それもあって、バブル崩壊以降、「日本の電機メーカーが凋落し、日本経済全体も凋落している」と、日本の企業すべてが零落したかのような悲観論を唱える人も珍しくなかった。

たとえば、人事コンサルタントの城繁幸氏は『雇用崩壊』（アスキー新書編集部・編、アスキー新書、２００９年）の中で、こう述べている。

「いままでは『グローバル優良企業＝製造業』という図式がありましたが、製造分野でのグローバル企業は今後多くが姿を消してしまうでしょう」

確かに、三洋電機のように名前を消した電機メーカーもある。シャープは日本企業ではなくなった。ソニー、パナソニックなども全盛期に比べれば厳しい印象は否めない。城氏の指摘は概ね的を射ているようにも思える。

が、それらはいずれもごくごく表面的なものに過ぎない。

もし、大企業だけを見ると、確かに製造業の凋落は否定できない。ところが、不思議なことに、三洋電機、シャープを別とすると、他の電機メーカーや自動車メーカーなどで大型の経済破綻事件が起きていない。関連の製造メーカーや商社が連鎖倒産して大規模なリストラに着手したという話も聞こえてこない。

経済産業省の鉱工業指数は2010年を100としたとき、2015年は平均で97・8と微減にとどまっている。この現象も、消費財、生産財、中間財の概念で考えるとわかりやすい。

城氏がいうところの「製造業」とは要するに消費財のメーカーである。なるほど、ここでは大型倒産も起きるし、不振の続くメーカーもあるだろう。2000年代半ばから2010年代前半にかけては中韓勢が急成長をしていたので、彼らに押されたのは事実である。

では、生産財、中間財のメーカーは、どうだったか。彼らはしたたかだ。日本勢が好調なときは日本勢と取引していたが、中韓勢が伸びてくると、今度はその中韓勢と取引をした。そして、中韓勢が衰えてくれば、台湾なり、インドなり、ドイツなり、復活した日本勢なりと、伸びているところと取引をしている。

これが、日本の生産財、中間財のメーカーである。

なぜ、中韓でも台湾でも欧米でも、生産財・中間財メーカーは自国企業ではなく、日本企業と取引をするのか。

答えは実に簡単で、それだけ日本の技術力が優れているからである。

自国の企業と取引をした方がコストは安い、としても、日本の生産財・中間財メーカーの技術力を海外企業は無視できない。この技術力の高さがあるからこそ、三洋電機やシャープがダメになっても、製造業全体はボロボロにはなっていない。

そして、生産財・中間財のメーカーと取引をするのは日本の商社、それも専門商社である（日伝もその一つだ）。商社は商社で、経営が安定しているところが大半であり、2017年現在も、「日本型雇用がない世界に移って」（城氏の指摘）はいない。外国人留学生採用が増えていることは事実だがそれだけだ。日本企業の大半は、日本型雇用の継続を望んでいる。日本人学生の大半も日本型雇用のある日本で働くことを望んでいる（なお、日本型雇用や海外雇用の違いなどを知りたいのであれば2016年11月刊行の海老原嗣生『お祈りメール来た、日本死ね「日本型新卒一括採用」を考える』〈文春新書〉が優れている)。

結局、企業選びはどうすればいいか

では、生産財・中間財でどういった企業があるのか。

日伝の業界セミナーでは開催大学別にそれぞれ紹介をしている。が、そもそも生産財・中間財の商社・メーカー以外にも優良企業はある。

そこで、各種ランキングや関連書籍などをひっくり返し、採用担当者や大学キャリアセンター職員に取材をしたうえで、筆者が作成した「日本人が知っておいてもいい企業300」リストを巻末に掲載した。ただし、このリストは、最終的には著者の独断と偏見によるものであることを強調しておきたい。

独断と偏見とはすなわちこうである。

まず、一般的に知名度の高い企業はことごとく外した。

たとえば、「美を支える、作り出す」、すなわち化粧品・アパレル関連の項目で、いまさら資生堂やポーラ化粧品、クラレの名を出しても、別に参考にはなるまい。これらの会社は、その業界とは無関係の社会人や学生であっても知っているであろうから、あえて掲載する必要が無いと考えたのだ。鉄道関係の会社で「ＪＲ」を知らぬ人はいないだろうし、建設であれば、鹿島建設や大成建設を知らない人はまずいないだろう。これら大手企業の情報を知りたいのであれば、『就職四季報』を読むべきである。

一方、優良企業ではあっても、新卒採用が０人、ないしはあっても数人程度の小規模な企業は原則として外した。こうした小規模ながら優良企業を知りたいのであれば坂本光司『日本でいちばん大切にしたい会社』シリーズ（あさ出版）をお勧めしたい。

リストには、原則として、社員規模としては３００人程度から２０００人程度。その企業の方には申し訳ないが、一般的な知名度が低く、かつ、何か長所・特徴のある企業を掲載した。学生だけでなく、社会人も「日本にはこういう企業があるのか」と知っておいていいだろう。知らなくてもいいが、知っていると転職、株式投資などで役に立つ、かもしれない（役に立たなかったとしても、著者の責任ではない）。無責任なようだが、そこで長く働きたいと思うかどうか、最終判断は学生本人の問題である。

そもそも、本章の冒頭に戻るが、優良企業だから働きやすい企業か、と言えばそんなことはないだろう。

ある人にとっては優良企業かつ働きやすい良い企業かもしれない。別の人にとっては、その企業が大嫌い、というかもしれない。

経営者の発想が合わない、という方もいるだろう。

関西の私立大はどこも就職支援に熱心だ。その中でも京都産業大は、「就職活動体験記」を毎年刊行している。

同様のものはどの大学でも刊行しているが、同大のものは例年、約50人・３５０ページ前後ものボリュームがある。他大学だと、この半分程度もない。

なぜ、ここまで厚くなるか。その理由は時系列で体験記を書いているからだ。それも、入社が決まった企業だけではない。落ちた企業の選考も含めて書いている。学生によっては、へこんだときの心境、気晴らしにスポーツ観戦に行った、など日常風景まで書いていて生々しい。

私は２００３年版から入手しているが、同じ企業でも学生によって評価は全く違う。

とある企業が会社説明会で、

「××は国内シェアが△割。高い評価を得ているところが自慢です」

と述べたとしよう。実は巻末リストにも入っている企業でもあるが、ある年の学生は、この説明を聞いて、「入社意欲がわいた」と書いている。一方で別の年の学生は、全く同じ内容を聞いて、「自慢だけで志望意欲がなくなった」と書いている。

このように企業の経営者や社風が個性的であればあるほど、合わない学生は必ずいる。が、それを言い出しても、キリがない。

その企業が合うか合わないか、それはその学生が判断することである。

いくら時代が変わっても、志望する学生も人、選ぶ側も人、入社する先にも人がいる。

就活当初は思いもしなかった企業が本命企業になることもある。

入社した先で、最初は失敗続きだった仕事が10年先には天職と思うこともある。

もちろん、その逆もいくらでもある。

様々な人間ドラマの入り口が就活であり、採用活動である。

その一助になれば、という思いから、リストを作成した。責任逃れをするつもりはないが、参考材料にしたとしても、最後に決めるのは本人であり、そのためには様々な情報を集める必要がある。その手掛かりは本書に述べた通りである。

さて、今年は（あるいは来年は）、どんなドラマがあり、読者（あるいは読者の子弟）には、どんなドラマが繰り広げられるのだろうか。

筆者は今後も、この人間くさいドラマを観察していきたい。

○日本人が知っておいてもいい企業300（括弧内は本社所在地。コメントに一部著者の見解が含まれています）

●奨学金を肩代わり

・**オンデーズ**（東京都品川区）　眼鏡販売チェーン。一時は奨学金肩代わり企業の代表格に。

・**クロスキャット**（東京都港区）　銀行など金融関連のITシステム開発。2016年品川駅近くに本社移転したことも追い風。

・**GOSPA**（東京都新宿区）　入社時に申請した月返済額を毎月上乗せ支給のWEB制作会社。中途入社者も対象。

・**シノケングループ**（福岡市中央区）　アパート・マンション販売からゼネコン事業まで。返済額50％を5年間毎月支給。

・**ノバレーゼ**（東京都中央区）　勤続5年目に100万円支給など。ユニークな制度多い、ウエディング関連。

・**武蔵野**（東京都小金井市）　197頁のコンビニベンダーと同名もこちらはダスキン事業が基盤業務。社長が熱い。

・**ゆで太郎システム**（東京都品川区）　首都圏等で立ち食いそばチェーン「ゆで太郎」を運営。

●日本一・世界一・トップクラス

・**応用地質**（東京都千代田区）　地質調査業界のトップで地学系学生から人気。

・**キーエンス**（大阪市東淀川区）　FA（ファクトリー・オートメーション）センサーなどの大手。平均年収がテレビ局以上。選考は撮影や説得プレゼンなど含め相当独特。

・**キャットアイ**（大阪市東住吉区）　自転車反射板で国内トップ。他、自転車関連製品が主力で60％は海外輸出。

・**グローリー**（兵庫県姫路市）　両替機など通貨処理機関連で国内・世界ともにトップクラス。

・**サトーホールディングス**（東京都目黒区）　バーコード機器、シールの販売など。自動認識システムは世界トップクラス。

・**サンケン電気**（埼玉県新座市）　パワー半導体メーカー。技術力は世界トップクラス。自動車向けが大半だが家電にも。

・**信越化学工業**（東京都千代田区）　半導体基板シリコンウエハーで世界トップ。時価総額は3兆円超の優良企業。

・**SCREENホールディングス**（京都市上京区）　旧・大日本スクリーン製造。半導体製造装置、薄型ディスプレー製造装置、産業用印刷機器で世界トップ。
・**ストラパック**（東京都中央区）　総合梱包機器メーカーで国内シェアトップ、世界各国にも輸出し、高品質で高評価。
・**大東プレス工業**（大阪市鶴見区）　業務用車両のバックミラー製造で国内シェア90％。破損時の飛散緩和のミラーも開発。
・**太陽誘電**（東京都台東区）　積層セラミックコンデンサで世界トップクラス。海外輸出中心。
・**タカショー**（和歌山県海南市）　ガーデニング用品国内トップ。エクステリアなどに強み。
・**ディスコ**（東京都大田区）　シリコンなどの精密加工大手で世界トップ。社内通貨制度がユニーク。
・**トクセン工業**（兵庫県小野市）　特殊金属線メーカー。ピストンリング用線は世界首位。
・**日東工器**（東京都大田区）　配管の流体継手の最大手。リニアポンプも製作、海外から高評価。
・**日東電工**（大阪市北区）　液晶用光学フィルムなど20種以上で世界シェアトップ。海外比率高い。
・**日本ガイシ**（名古屋市瑞穂区）　ガイシで世界トップ。環境貢献型の製品多数。
・**ニッポン高度紙工業**（高知県高知市）　土佐和紙が元の絶縁紙（電解コンデンサ用セパレー

タ）で世界シェア60％。
・**日本ゼオン**（東京都千代田区）　古河系の化学メーカー。特殊合成ゴムで世界トップクラス。「真相報道　バンキシャ」（日本テレビ系）のCMでおなじみ。
・**日本圧着端子製造**（大阪市中央区）　携帯電話・自動車エアバッグ使用コネクタで業界トップ。国内より海外中心。
・**日本電産**（京都市南区）　ブラシレスモーター世界一。永守会長の経営姿勢はブラック批判込みで賛否両論。
・**ファナック**（山梨県南都留郡）　工作機械用ＮＣ（数値制御）装置で世界トップ。会社カラーが黄色、作業着から建物まで。
・**福井鋲螺**（福井県あわら市）　蛍光灯ピンは世界一。冷間鍛造技術に強みの精密部品メーカー。
・**フジキン**（大阪市西区）　超精密流体制御機器で世界シェア4割。資格支援充実、非喫煙・禁コーヒー・禁ジュース手当も。
・**フジクラ**（東京都江東区）　電線ケーブルメーカー。世界のベスト3入り。iPhone 向け基板も有数。
・**ホソカワミクロン**（大阪府枚方市）　粉体処理機器で世界トップクラスのメーカー。食品から化成品まで幅広く展開。

・**マニー**（栃木県宇都宮市）　極細手術針、眼科ナイフなどを扱う医療機器メーカー。年2回「世界一か否か会議」で高技術を維持。

・**村田製作所**（京都府長岡京市）　iPhoneなどスマホの裏をよく見ても出てこないが中の基板は大半がここ。

・**明和グラビア**（大阪府東大阪市）　テーブルクロス国内シェアトップ。携帯電話用キーシート、座席・天井シートなども。

・**安川電機**（福岡県北九州市）　産業用ロボット、インバータなどで世界トップ。システムエンジニアリングなども。

・**やまびこ**（東京都青梅市）　のどかな社名でも、小型屋外作業機械は国内首位、世界3位。

・**ルビコン**（長野県伊那市）　カメラのストロボフラッシュ用アルミ電解コンデンサで世界一。社是は「すべて日本一になりましょう」

・**ローム**（京都市右京市）　カスタムＬＳＩ（大規模集積回路）で国内シェアトップの電子部品メーカー大手。

・**渡辺パイプ**（東京都中央区）　農業用ビニールハウスは国内トップクラス。上下水道パイプなども扱う商社。

●大企業の意外な子会社・関連会社

・**花王カスタマーマーケティング**（東京都中央区）　花王の販売会社。花王と関連会社製品を扱う。他社と違い、卸機能も。

・**関西日立**（大阪市西区）　日立グループの関西圏販売会社。関西残留希望の学生が多数志望。

・**関電工**（東京都港区）　東京電力系の電気設備工事会社。関東圏だけでなく全国に展開。

・**九電工**（福岡市南区）　九州電力系の電気設備工事会社。九州を中心に展開。

・**きんでん**（大阪市北区）　関西電力系の電気設備工事会社。海外展開も積極的。

・**佐川印刷**（京都府向日市）　佐川急便の関連印刷会社。佐川の配送伝票・ICタグの他、チラシなども展開。

・**シャープタカヤ電子工業**（岡山県浅口郡）　スマートフォン等のカメラモジュール製造。海外携帯向け商品製造・販売で増収続く。

・**住友林業ホームテック**（東京都千代田区）　住友林業100％出資、同社の注文住宅及び一般住宅のリフォームとメンテナンスを請け負う。

・**大和リース**（大阪市中央区）　大和ハウス工業の子会社。仮設建物リースで首位。

・**中電工**（広島市中区）　中国電力系の電気設備工事会社。中国地方を中心に展開。

・**電通国際情報サービス**（東京都港区）　あの電通のグループ企業。電通の社内システム構築が中心。残業は同業他社と同程度の34時間（『就職四季報2017年版』より）。

・**トーエネック**（名古屋市中区）　中部電力系の電気設備工事会社。中部地方を中心に展開。

・**東光高岳**（東京都江東区）　東京電力が出資の電力機器メーカー。スマートグリッド（次世代送電網）の先進企業。

・**東邦テナックス**（東京都千代田区）　帝人子会社。炭素繊維を風力発電やエアバス等に供給。

・**ニッセイコム**（東京都品川区）　日本生命（ニッセイ）、ではなく日立グループのSIベンダー。ネット書店の構築も。

・**日本電産エレシス**（神奈川県川崎市）　電動パワーステアリングなど自動車部品の開発・製造など。日本電産グループ入りで拡大も。

・**パナソニック産機システムズ**（東京都墨田区）　パナソニックの産業機械を扱う商社。学生向けセミナーは高度な内容で定評。

・**ホーチキ**（東京都品川区）　火災報知器メーカー大手。保険会社16社による設立。

・**堀場エステック**（京都市南区）　エンジン計測器等に強い堀場製作所（203頁参照）の子会社。流体制御機器などに強み。

・**三菱電機住環境システムズ**（東京都台東区）　三菱電機の空調・省エネ関連製品などを扱う販売会社。支社別採用もあり。
・**ユアテック**（仙台市宮城野区）　東北電力系の電気設備工事会社。東北を中心に展開。
・**ユニエックス**（東京都品川区）　日本郵船のグループ会社。日本の主要港でコンテナ・ターミナル事業を展開。

●「アパレル・化粧品」関連

・**イケガミグループ**（大阪市北区）　繊維産業の「川上」「川下」を網羅。生地の国内外提供も。
・**カイタック**（岡山県岡山市）　繊維・テキスタイルの商社、アパレルメーカー。本社は岡山だが国内外に広く展開。社内では上司を役職で呼ばず「さん」で。
・**紀伊産業**（大阪市中央区）　化粧品容器製造などが中心の化学メーカー。理系採用が中心。
・**きものブレイン**（新潟県十日町市）　着物総合加工事業で、リサイクルも。男性中心の着物業界の中で異色の女性活躍企業。
・**銀座マギー**（東京都大田区）　婦人服アパレル小売。インターンでは覆面調査も体験可能。

・**コンビ**（東京都台東区）　ベビー用品メーカーでファン多い。新人研修はお遍路3日歩き。
・**ザ・パック**（大阪市東成区）　ショップ用紙バッグなどは業界首位。段ボールなども扱う。
・**澁谷工業**（石川県金沢市）　化粧品や飲料などボトリングシステムで首位。医療機器も展開。
・**島精機製作所**（和歌山県和歌山市）　コンピュータ横編み機シェアトップ。グッチ、エルメスなども信頼。
・**JUKI**（東京都多摩市）　工業用ミシンで世界一。縫製機器事業以外に産業装置事業も。
・**スタイレム**（大阪市浪速区）　繊維商社の瀧定大阪が独立。衣料素材は国内首位。
・**タカラベルモント**（大阪市中央区）　理・美容室のシャンプー台製造でトップ。美容室コンサル・内装なども手がける。
・**豊島**（名古屋市中区）　独立系繊維商社としては国内トップの老舗。海外出張多数。
・**直本工業**（大阪市天王寺区）　業務用アイロンで国内シェア70％。スチーム技術に定評、餃子調理器や美容機器の製造、販売も。
・**中野製薬**（京都市山科区）　美容室向けスタイリング剤を製造、販売。社内の椅子は大半がバランスボール。
・**白鳳堂**（広島県安芸郡）　化粧筆の世界シェアトップ。職人芸で国内用から欧米メーカー向けまで生産。

・**日比谷花壇**（東京都港区） 花卉小売で業界トップ。ウエディング事業、法人向け事業など花を軸に展開。

・**本多プラス**（愛知県新城市） 化粧品ボトルなどを製作するプラスチック成形メーカー。デザイン力高い。

・**モリト**（大阪市中央区） 服飾資材の大手。靴中敷きや金属ホック、自動車内装品など広い。

・**ヤギ**（大阪市中央区） 船場八社の一角が前身の繊維商社。糸・生地の提供から企画提案も。

・**レリアン**（東京都世田谷区） 学生は知らずともお母さん世代は知っているアパレル小売。御殿場でバラ栽培も。

●「建設・住宅・インテリア」関連

・**エスケー化研**（大阪府茨木市） 塗料メーカー、外壁塗料に強くトップクラス。高機能塗料を開発、直販即納の営業。

・**遠藤照明**（大阪市中央区） 業務用LED照明器具シェアでトップクラス。大学や公共施設などに多数納入されている。

・**関西ペイント**（大阪市中央区） 総合塗料メーカーの2強。自動車用6割、海外売り上げ比

6割を占める。
・**ケミカルグラウト**（東京都港区）　鹿島の技術開発部門が母体。都市土木の基礎工事で業界トップクラス。
・**コイズミ照明**（大阪市中央区）　ザ・リッツ・カールトン京都の照明を担当するなどデザイン性高い照明器具メーカー。
・**ジャパン建材**（東京都江東区）　合板など総合建材卸。新木場タワー（本社）の木材・合板博物館設立に関わる。
・**ジューテック**（東京都港区）　総合建材卸。住宅用建材からエネルギー、水回り、外壁関連の建材なども扱う。
・**スガツネ工業**（東京都千代田区）　特殊金物メーカー。知的財産権3000件以上、創業以来黒字。文系採用が多い。
・**大建工業**（富山県南砺市）　総合建材メーカー。内装材中心で住宅用内装建材ではトップクラス。
・**タカラスタンダード**（大阪市城東区）　システムキッチンは業界2位。他の住宅設備機器も。
・**たけでん**（大阪市旭区）　建築設備、電設資材などを扱う商社。壁・床に隠れて見えない電線からLED照明まで広い。創業以来50年以上、黒字経営で自己資本比率は61・2％と安定。

・**田島ルーフィング**（東京都千代田区）　住設の防水（ルーフィング）でトップメーカー。屋上緑化用材料なども。

・**立川ブラインド工業**（東京都港区）　ブラインドでトップシェア。立川は創業者の姓で立川市とは無関係。

・**東リ**（兵庫県伊丹市）　クロス・床材などの建材メーカー。インテリア関連で広く展開。

・**日本電通**（大阪市港区）　電通とは無関係。関西地盤の情報通信工事企業。システム開発も。

・**日本ペイント**（東京都品川区）　総合塗料メーカー2強。住宅から道路、家具まで用途は広い。

・**乃村工藝社**（東京都港区）　インテリア設計・施工の最大手で東証1部上場。お台場ガンダムも製作。

・**富士工業**（神奈川県相模原市）　レンジフード（システムキッチン換気扇）のメーカー。国内トップクラス。

・**美和ロック**（東京都港区）　5人に3人はここの鍵、という鍵・錠前メーカー大手。

・**吉野石膏**（東京都千代田区）　石膏ボード最大手。「ぼくはタイガー」CMがあってもなくても国内シェア80％。

・**六興電気**（東京都港区）　米軍施設工事は業界首位。住宅電気設備工事に強み。社長は飛行機が好き。

●食を作る、支える

・**石野製作所**（石川県金沢市） 回転寿司のベルトコンベアで国内シェア60％。

・**エフピコ**（広島県福山市） トレー・容器の最大手。物流網構築・リサイクルなども。

・**オシキリ**（神奈川県藤沢市） 製パン機械メーカー。ミキサーからオーブンまで。

・**オリエンタルベーカリー**（大阪市浪速区） 業務用パンメーカー。食パン生産は月38万本。

・**加藤産業**（兵庫県西宮市） 食品卸大手、独立系。「カンピー」ブランドのジャムはイオンなどでも展開。

・**サカタのタネ**（神奈川県横浜市） 種苗メーカーではトップクラス。アンデスメロンの開発はここ。ブロッコリーは世界シェア6割強。

・**四国化工機**（徳島県板野郡） 充塡機メーカー。牛乳等の三角屋根パック用充塡機は国内シェアトップ。食品用包装資材も扱う。豆腐などが中核の食品事業も展開中。

・**シノブフーズ**（大阪市西淀川区） ファミリーマートのおにぎり、サンドイッチなどの製造が主力。社名は創業者次女の名前から。

・**鈴茂器工**（東京都練馬区）　寿司ロボット機械国内首位。某就活ラノベなどで大絶賛され話題に。

・**スターフェスティバル**（東京都渋谷区）　弁当宅配サイト運営のＩＴ企業。週３日勤務の限定正社員制度あり。

・**仙波糖化工業**（栃木県真岡市）　天然着色料カラメルが主力。粉末茶、カテキンなども扱う。

・**高砂香料工業**（東京都大田区）　世界でもトップクラスの香料メーカー。香水・化粧品のフレグランスも手掛ける。

・**タキイ種苗**（京都市下京区）　桃太郎トマト、青首大根は同社発の種苗メーカートップクラス。

・**タニコー**（東京都品川区）　業務用キッチン大手。餃子の王将、マクドナルドなどに納入。ゆで麺器などにも注力。

・**東洋製罐**（東京都品川区）　社名の製缶だけでなく、ペットボトルなど包装容器トップメーカー。

・**ナベル**（京都市南区）　卵パック詰め装置でシェア70％、50か国以上に輸出。鶏卵の品質管理システムで世界的に高い評価。

・**新田ゼラチン**（大阪府八尾市）　ゼラチンは国内首位、世界4位。ペプチド・コラーゲンも。

・**長谷川香料**（東京都中央区）　香料メーカーで国内2位。炭酸飲料、コーヒーなど食品用香料が中心。

・**林産業**（東京都中央区）　ポリエチレン製軟包装材を製造、販売。品質管理に強いこだわり。

・**不二精機**（福岡市博多区）　寿司ロボットのほか、おにぎり製造機、製麺機、弁当ロボットなどを扱う機械メーカー。

・**冨士製作所**（群馬県藤岡市）　即席めんの製造プラントメーカー。国内外会社との取引多数。

・**富士電機**（東京都品川区）　重電メーカー。セブンイレブンのコーヒーメーカーはここの製品（本文26頁参照）。自販機も強い。

・**マスダック**（埼玉県所沢市）　どら焼き製造機は海外シェア100％。和洋菓子機器製造のほか、「東京ばな奈」の製造も。

・**マルゼン**（東京都台東区）　業務用キッチン大手。餃子焼器、大型食器洗浄機の製造などの他、飲食店厨房設備のプロデュースも。

・**三井化学東セロ**（東京都千代田区）　食品・産業用フィルムを製造販売。内定後自社製品の商品セットを家族に送付してくれる。

・**武蔵野**（埼玉県朝霞市）　中食メーカー。セブンイレブンのおにぎり中心、ツナマヨも開発。

・**山星屋**（大阪市中央区）　丸紅系の菓子卸。ディズニーの菓子も扱い、ディズニー好き学生が大挙志望する（本文35頁参照）。
・**レオン自動機**（栃木県宇都宮市）　食品成形機が主力。アフターケアなど国内外で高支持。
・**わらべや日洋**（東京都小平市）　中食メーカー。セブンイレブンの弁当・おにぎりが中心。総菜に和菓子も手広く扱う。

●「鉄道・航空・宇宙・船」関連
・アイチコーポレーション（埼玉県上尾市）　軌陸両用高所作業車を開発。高所作業車は日本一。
・**アルナ車両**（大阪府摂津市）　路面電車を８００両以上製作の路面電車トップメーカー。阪急が１００％出資。
・**安全索道**（滋賀県守山市）　索道を設計から保守まで。黒部、三大夜景地など多くのロープウェイは同社製品。
・**エム・システム技研**（大阪市西成区）　信号変換機器国内首位、ＮＡＳＡロケットエンジンの制御・テストシステムにも採用。
・**ジャムコ**（東京都立川市）　航空機の厨房（ギャレー）・化粧室の世界シェアトップクラス。

・**シンフォニアテクノロジー**（東京都港区）　ＩＣカードや券売機、パワーエレクトロニクス装置などが主力。
・**高見沢サイバネティックス**（東京都中野区）　券売機など駅務システム機器メーカー。地震防災機器も全国の自治体に納入。
・**丹青社**（東京都港区）　インテリア設計・施工の大手。羽田・成田・新千歳など空港の空間デザインなどが主要な実績。
・**ＴＢカワシマ**（滋賀県愛知郡）　自動車、列車、飛行機のシートファブリック製造。豊田通商等が出資して設立。
・**鉄建建設**（東京都千代田区）　ＪＲ系の中堅ゼネコン。鉄道建設に強み。マンション建設なども手掛ける。
・**ナルックス**（大阪府三島郡）　すばる望遠鏡のマイクロレンズを製作した光学部品メーカー。リクナビに出す給与条件は超強気。
・**日鉄住金レールウェイテクノス**（大阪市此花区）　日本全国の鉄道の「ホームから下」を支える、車輪・車軸製造で業界首位。リクナビ２０１７先輩社員は全員匿名。
・**日本ケーブル**（東京都千代田区）　日本でも数少ない索道メーカー。圧雪車・人工降雪機などリゾート関連機器も。

・**日本車輌製造**（名古屋市熱田区）　ＪＲ東海子会社の車両メーカー大手。鉄道車両以外に鉄橋、杭打機、特装車なども。

・**日本ピラー工業**（大阪市淀川区）　流体制御技術が強み。元は船舶用パッキン開発から。

・**福井製作所**（大阪府枚方市）　ＬＮＧ運搬船用安全弁で世界シェアトップ。会社サイトに漫画家・見ル野栄司による会社案内漫画を掲載。

・**古野電気**（兵庫県西宮市）　船舶機器で独自の超音波・電子技術を持つ。ＧＰＳ・医療機器分野にも進出。

●「自動車・バイク」関連

・**曙ブレーキ工業**（埼玉県羽生市）　自動車用ブレーキは世界トップクラス。国内では日産、トヨタと、海外ではＧＭ、フォードなどとも取引。

・**加藤製作所**（東京都品川区）　建設用クレーンで日本一。荷役・採掘機械総合メーカー。

・**五光製作所**（東京都目黒区）　新幹線・長距離バスのトイレ、船舶用汚水処理設備などを手がける。「Ｎ７００Ａ」も砕氷船「しらせ」のトイレもここの製品を採用。

・**酒井重工業**（東京都港区）　ローラー重機で日本一。散水車、ロードカッタなども。

・**三桜工業**（東京都渋谷区）自動車用チューブの独立系。外国籍・女性登用を拡大中。
・**住友電装**（三重県四日市市）自動車・機械用ハーネスは世界シェア25％。住友電工の完全子会社。
・**ダイナックス**（北海道千歳市）クラッチ用ディスク等、自動車の摩擦機能部品製造。国内大手や海外との取引多数。
・**東洋電機製造**（東京都中央区）電車用パンタグラフなどのメーカー。自動車試験装置等も。
・**日伸工業**（滋賀県大津市）ＨＶ車用電池部品など小物精密プレス加工で国内外から高評価のニッチメーカー。
・**日本精機**（新潟県長岡市）二輪車用計器は世界シェア約30％。入社後はコスト意識のため、全員簿記を勉強。
・**ハイレックスコーポレーション**（兵庫県宝塚市）自動車用コントロールケーブル世界一。
・**三ツ星ベルト**（兵庫県神戸市）工業用ベルトメーカー。世界トップレベルの自動車用補機駆動システムを開発。
・**村上開明堂**（静岡市葵区）自動車ミラーは開発、設計から販売まで一貫した生産体制で国内トップ。多層膜フィルタ開発なども。
・**明電舎**（東京都品川区）重電メーカー準大手。自動車開発用試験装置で国内首位。

・**森尾電機**（東京都葛飾区）　電装品メーカー。ＪＲの鉄道車両向け電気機器の製造、販売事業が大半占める。

●「測る・試みる」関連

・**ＩＭＶ**（大阪市西淀川区）　動電型振動試験装置国内トップ。地震・振動のエキスパート。

・**イシダ**（京都市左京区）　計量包装機器トップの老舗企業。計量器・ＰＯＳレジのシステム開発なども。

・**いであ**（東京都世田谷区）　河川工事などの環境保全コンサルタント。環境関連では業界トップクラス。

・**エスペック**（大阪市北区）　環境試験機器のトップの優良企業。セミナーでは冷凍バナナで釘を打つ（本文１４０頁参照）。

・**川崎地質**（東京都港区）　地質調査の大手。活断層など地震防災分野で拡大中。

・**環境管理センター**（東京都八王子市）　環境コンサルで放射能・ダイオキシンの測定も行う。

・**共和電業**（東京都調布市）　応力計測の総合メーカーで業界首位。社是「大会社たらんよりは最良の会社たらん」。

・**建設技術研究所**（東京都中央区）　河川、道路など建設コンサルタント大手。技術士登録数は業界トップクラス。
・**タナベ経営**（大阪市淀川区）　1957年創業、経営コンサルタントのパイオニア的な存在。
・**長野計器**（東京都大田区）　圧力計測制御機器の専業メーカーで国内首位。海外も強い。
・**夏原工業**（滋賀県彦根市）　半導体の洗浄装置が主力。環境測定等も。技術系ながら社員の4割は文系卒。
・**日水コン**（東京都新宿区）　上下水道のコンサルタント。上下水道・工業水道分野合計では売り上げ業界トップ。
・**ハカルプラス**（大阪市淀川区）　計測機器に強みの百年企業。介護機器も開発。「いつまで中小やっているんだ？」のアニメで就活生の度肝を抜く。
・**日吉**（滋賀県近江八幡市）　水質検査など環境分析・測定に強み。1兆分の1グラムまで計測する驚異の技術力を持つ。
・**堀場製作所**（京都市南区）　自動車排ガス測定装置は世界シェア80%。社是は「おもしろおかしく」。
・**ミツトヨ**（神奈川県川崎市）　1ナノメートルを測定せよ！　精密測定機のリーディングカンパニー。

・**明星電気**（群馬県伊勢崎市）　衛星探査機搭載の観測機器メーカー。地震観測機器も。

●モノ作りを支える商社・物流

・**伊藤忠丸紅鉄鋼**（東京都中央区）　伊藤忠商事と丸紅の鉄鋼部門が統合して設立。海外拠点は国内の3倍以上。

・**因幡電機産業**（大阪市西区）　電気（電線、配線器具等）関連の商社ではトップクラス。独立系でメーカー機能も。

・**岡谷鋼機**（名古屋市中区）　愛知では超の付く名門。鉄鋼と機械の卸が中心。

・**KISCO**（大阪市中央区）　元はゴム薬品、現在は化学系の商社。スーパー繊維、ゴマペプチドの開発・販売も。

・**サンコーインダストリー**（大阪市西区）　ねじ専門商社。同社サイトはねじの用語辞典、博物館、カタログなど、ねじ一筋でぶれず。

・**サンセイテクノス**（大阪市淀川区）　制御機器などを扱う独立系商社。工場システムを扱う技術部門あり、理工系採用も。

・**JFE商事**（東京都千代田区）　川崎製鉄とNKKの商事部門が統合して設立。JFEグループ内の鋼材取引が大半。

・**滋賀特機**（滋賀県大津市）　環境・省エネ機器の提案・販売の商社。環境特化商品を積極的に展開。

・**神鋼商事**（大阪市中央区）　神戸製鋼系の専門商社。神戸製鋼向け鉄鋼原料や鋼材など。

・**たけびし**（京都市右京区）　三菱電機系の技術商社。冷熱住設機器、半導体等の設計も。

・**内外日東**（東京都品川区）　60年以上の歴史ある物流企業。国際化と情報化は常に強化中。

・**長瀬産業**（東京都中央区）　化学専門商社最大手。化成品、合成樹脂など。製造・開発機能もグループで保有。

・**日伝**（大阪市中央区）　動力伝導機器などを扱う商社。２０１５年、日経就職希望企業ランキング・関西で1位に（本文１７２頁参照）。

・**日鉄住金物産**（東京都港区）　新日鉄住金系列の専門商社。鉄鋼卸が売り上げの80％を占める。輸入食肉事業なども。

・**原田産業**（大阪市中央区）　社員数２００人でも「グローバル総合商社」（同社サイト）。

・**阪和興業**（大阪市中央区）　鉄鋼商社大手。独立系で業界内では強力。

・**マルカキカイ**（大阪府茨木市）　機械関連商社。海外取引60年以上、アメリカ・アジアに21拠点。

・**丸和運輸機関**（埼玉県吉川市）　物流大手で低温物流に強み。宅配ビジネスも展開。
・**三谷商事**（福井県福井市）　エネルギー、建設関連の商社。生コンクリート・セメント販売は日本一。
・**メタルワン**（東京都千代田区）　三菱商事と旧・日商岩井の鉄鋼部門が統合して設立。鉄鋼商社ではトップ。
・**ユアサ商事**（東京都千代田区）　工作機械の専門商社でトップクラス。産業機器、住設、空調なども取り扱う。

●「太陽・光学・元素」つながり

・**岩谷産業**（東京都港区）　ＬＰガスでトップ。水素自動車などでも注目されている。
・**エア・ウォーター**（大阪市中央区）　酸素・窒素など産業ガスを全国規模で販売。医療分野が拡大中。
・**木ノ本伸線**（大阪府東大阪市）　世界初のマグネシウム合金加工・応用技術による磨シャフトで有名。
・**恵和**（東京都中央区）　拡散フィルムなど光学テクノロジーに強み。中・韓・台湾の子会社等にグループ全体で３割の従業員が在籍する。

・**第一稀元素化学工業**（大阪市住之江区）　触媒などに利用されるジルコニウム化合物の世界トップメーカー。

・**大陽日酸**（東京都品川区）　産業用ガスはエア・ウォーターと双璧のトップメーカー。社名は合併の多さの名残。

・**竹中製作所**（大阪府東大阪市）　フッ素樹脂による錆びにくいねじで世界シェア70％。表面処理剤・被膜にも強み。

・**東邦亜鉛**（東京都千代田区）　亜鉛・鉛の製錬大手メーカー。自動車バッテリー用鉛は国内シェア40％。オーストラリアに鉱山所有。

・**東邦チタニウム**（神奈川県茅ヶ崎市）　チタンの製造・販売メーカー。航空機から携帯電話、トイレまで需要大。

・**日新電機**（京都市右京区）　重電メーカー。66kV／77kV変電所は国内トップ。太陽光発電は南極昭和基地でも。

・**日本電子**（東京都昭島市）　電子顕微鏡のトップメーカーで世界シェア70％。

・**浜松ホトニクス**（静岡県浜松市）　光電子増倍管の世界シェア90％。ニュートリノ観測装置「カミオカンデ」などに用いられ、ノーベル賞受賞３人に貢献。

・**フルヤ金属**（東京都豊島区）　工業用貴金属加工メーカー。イリジウムなどレアメタル加工に強み。

・**ワイピーシステム**（埼玉県所沢市）　二酸化炭素使用の新世代消火器具の開発で拡大中。元はめっき加工メーカー。

●工具・文房具関連

・**オークマ**（愛知県丹羽郡）　切削型工作機械国内受注シェアトップの工作機械メーカー。

・**シード**（大阪市都島区）　修正テープを初開発の文具メーカー。企業サイト内には「消しゴム博物館」。

・**ジェイテクト**（大阪市中央区）　トヨタグループの工作機械メーカー大手。軸受も高品質。

・**ショーワグローブ**（兵庫県姫路市）　作業用手袋で国内シェアトップ。家庭用も販売。

・**DMG森精機**（名古屋市中村区）　世界最大級の工作機械メーカー。CNC旋盤などが主力。

・**TONE**（大阪市浪速区）　前田金属工業から2013年にブランド名に社名変更。トルクレンチに強い。

・**トラスコ中山**（東京都港区）　工具卸。ネット通販向けが拡大、安倍内閣以前から女性の積極登用でも有名。

・**日東精工**（京都府綾部市）　ねじ生産量は年260億本のトップメーカー。ねじ締め機も。

・**ハート**（大阪市中央区）　封筒・名刺など紙製品メーカー。透けない封筒を開発。

・**フジ矢**（大阪府東大阪市）　ペンチ、ニッパーで業界シェア40％でトップの工具メーカー。製造の職人も女性3割。

・**ベッセル**（大阪市東成区）　国産ドライバーのトップブランド。国内シェアは約60％で他社圧倒、ファン多数。

・**マキタ**（愛知県安城市）　電動工具は国内トップ、世界2位。売り上げは海外80％で、高利益・無借金経営。

・**マックス**（東京都中央区）　くぎ打ち機とホッチキスの国内シェアトップ。住環境機器などにも参入。

・**ヤマザキマザック**（愛知県丹羽郡）　F1のマクラーレン・ホンダのオフィシャルサプライヤー。超精密加工が高評価の工作機械メーカー。海外売り上げ比率が80％以上。

・**山善**（大阪市西区）　機械・工具の大手商社。システムキッチン、扇風機など消費財も展開。

・**リョービ**（広島県府中市）　ダイカスト国内専業トップ。ジブリ作品の原画を手がけた近藤勝也のキャラデザ広告が羽田空港、福山駅などにあり。

●「医療・病院・介護」関連

・**アルケア**（東京都墨田区）　日本初のギプス量産の医療機器メーカー。創傷被覆材・ストーマ装具などで強み。

・**エヌ・デーソフトウェア**（山形県南陽市）　介護・福祉・医療関連のソフトウエアが中心。

・**川澄化学工業**（東京都港区）　血液、透析分野では国内トップクラスの医療機器メーカー。人工腎臓も。

・**カワムラサイクル**（兵庫県神戸市）　車いすメーカートップ。オーダーシステムは2週間という異例の早さの上、低価格。

・**キングラン**（東京都千代田区）　病院のカーテンメンテナンス・管理に強み。神田にスープカレー店を展開。

・**ジーシー**（東京都文京区）　世界有数の歯科医療総合メーカー。歯科医療関係者向けに「友の会」があるほど。

・**JMS**（広島県広島市）　使い捨て医療器具メーカー大手。輸液セット、透析針なども。

・**シスメックス**（兵庫県神戸市）　血液検査分野シェアは世界一。売り上げは2001年38

8億円→16年2531億円。

・**松風**（京都市東山区）　歯科材料・機器メーカーで「日本初・世界初」多数。読みは「しょうふう」。

・**テルモ**（東京都渋谷区）　先端医療機器を多数開発。部下が幹部をホンネ評価も。

・**東海メディカルプロダクツ**（愛知県春日井市）　医療用カテーテルメーカー。創業は創業者次女がきっかけ。

・**東芝メディカルシステムズ**（栃木県大田原市）　医療機器メーカー。医用画像診断装置の売り上げシェア国内トップ、世界4位。

・**トプコン**（東京都板橋区）　もともとは東芝系の精密機器メーカー。眼科検査装置などアイケアビジネスなどに強み。

・**日清医療食品**（東京都千代田区）　ヘルスケア食品に特化したメーカー。日清食品とは「一切関係がありません」。

・**ニプロ**（大阪市北区）　使い捨て医療器具メーカー大手。後発医薬品も扱う。

・**日本光電工業**（東京都新宿区）　脳波計、除細動器などで国内首位の医療メーカー。

・**パラマウントベッド**（東京都江東区）　医療用・介護用ベッドで国内トップクラス。

・**フクダ電子**（東京都文京区）　心電計トップの医療機器メーカー。プロ野球・東北楽天ゴールデンイーグルスのスポンサーも。
・**フロイント産業**（東京都新宿区）錠剤コーティング機械で国内70％、世界20％。錠剤印刷装置や医療添加剤も。
・**湯山製作所**（大阪府豊中市）調剤機器は国内トップ。電子カルテ、薬袋プリンタ、滅菌器なども展開。

●**「水・気象・環境」関連**
・**AQUAPASS**（佐賀県西松浦郡）洗剤を使わない（超音波・水のみ）洗浄機を開発するなど水ビジネスで注目される。
・**いけうち**（大阪市西区）霧専門のメーカー。産業用スプレーノズル事業とソリューション事業で霧の研究開発も。
・**エス・アイ・エス**（神奈川県川崎市）移動カメラで放送局と取引多い。スポーツ中継をよく請け負っているのはここ。
・**エプコ**（東京都墨田区）住宅向け給排水の設計会社。スマートエネルギー事業拡大。沖縄限定職あり。

・**音羽電機工業**（兵庫県尼崎市）　日本唯一の雷総合メーカー。避雷機器の製造・設置からコンサルティングまで。
・**協和機電工業**（長崎県長崎市）　海水淡水化施設、工場用水処理施設など国内外に実績。視察も相次ぐ。
・**五洋建設**（東京都文京区）　準大手ゼネコンで、マリコン（海洋土木）分野では首位。スエズ運河の建設も担当。
・**昭和電機**（大阪府大東市）　工場で使用する送風機メーカーのトップ。風力を使った健康リハビリ機器も。
・**高砂熱学工業**（東京都新宿区）　空調設備業界の最大手。大規模建造物は大体がここの施工。
・**長府製作所**（山口県下関市）　空調機器メーカー、住宅設備機器に広く展開。石油給湯器でシェアトップ。
・**鶴見製作所**（大阪市鶴見区）　水中ポンプで国内シェアトップ。上下水道以外に産業基盤設備用、河川・治水用なども。
・**日プラ**（香川県木田郡）　水族館の水槽アクリルパネルメーカー。大阪の海遊館や国内外で高い評価。
・**白銅**（東京都千代田区）　アルミなど非鉄金属の商社。社員数約200人も東証1部上場。

・**日之出水道機器**（福岡市博多区）　上下水道マンホールトップメーカー。なぜか業界研究好きの学生から高人気。

・**フジコー**（福岡県北九州市）　創業時からの鋳造技術に強み。空気清浄機を開発するなど光触媒ビジネスにも進出。

・**未来工業**（岐阜県安八郡）　電気設備資材メーカー。年１４０日休み、定年70歳など人事制度が独特。

・**八田工作所**（佐賀県佐賀市）　補修可能な水車ランナを開発、水力発電での受注多数。

●「防犯・防衛」関連

・**アイホン**（名古屋市中区）　インターホン業界最大手。ホワイトハウスでも使われるほど高評価。

・**石川製作所**（石川県白山市）　段ボール製函や繊維機械など。現在は機雷製造が主力。

・**オプテックス**（滋賀県大津市）　屋外用防犯センサーが主力で業界シェアトップ。自動車の安全運転支援装置なども。

・**興研**（東京都千代田区）　防塵・防毒マスク２大メーカーの１社。医療用などにも多角展開。

・**重松製作所**（東京都北区）　防塵・防毒マスク2大メーカーの1社。アジア・欧米にも供給。
・**ジャパンマリンユナイテッド**（東京都港区）　造船大手。自衛隊の艦船、砕氷船しらせ、高速巡視船などで長年の実績。
・**新明和工業**（兵庫県宝塚市）　防衛省向けは救難艇など。ダンプトラックなど特装車は国内トップ。立体駐車場等も。
・**タイコエレクトロニクスジャパン**（神奈川県川崎市）　世界最大級の電子部品メーカーの日本法人。防衛産業向け製品の設計・販売も。
・**ダイセル**（大阪市北区）　化学準大手。たばこフィルターなどセルロース主力で弾火薬も扱う。
・**多摩川精機**（長野県飯田市）　陸上自衛隊10式戦車搭載の角度センサーを製造。トヨタ・プリウスなど民需転用も。
・**ナカシマプロペラ**（岡山県岡山市）　世界最大のプロペラメーカー。海上自衛隊潜水艦プロペラもここで製作。
・**日本製鋼所**（東京都品川区）　鉄鋼メーカーで大型鋳鍛鋼品製造技術は世界有数。戦車砲塔など防衛関連も。
・**能美防災**（東京都千代田区）　防災業界のトップメーカー。セコム傘下。防災機器・システムで成長続く。

・**豊和工業**（愛知県清須市）　工作機械メーカー。道路清掃車両でシェアトップ、戦前からの銃器製造は国内唯一。

・**細谷火工**（東京都あきる野市）　自衛隊の照明弾などを製造。過去にはクリスマスクラッカーを開発。自動車エアバッグのガス発生剤も。東京都で唯一、火薬類の処理場も保有。

・**ホリカフーズ**（新潟県魚沼市）　自衛隊等の戦闘糧食を1959年より製造する「ミリメシ」メーカー。レトルト食品や治療食の製造及び販売なども。

●守備範囲が広い

・**上原成商事**（京都市中京区）　ガソリン販売など生活サポート事業と石油・産業用ガス・セメントの供給など産業サポート事業も。

・**オーディオテクニカ**（東京都町田市）　ヘッドホンなど音響機器中心だが、寿司メーカーなど食品加工機器製造にも進出。

・**オカモト**（東京都文京区）　コンドーム製造大手で有名。新幹線内装材・農業ハウス用フィルムなども手がける。